Fortgeschrittene

F. Heitmann & B. Shirazi

So lerne ich Deutsch ... immer mehr! 3

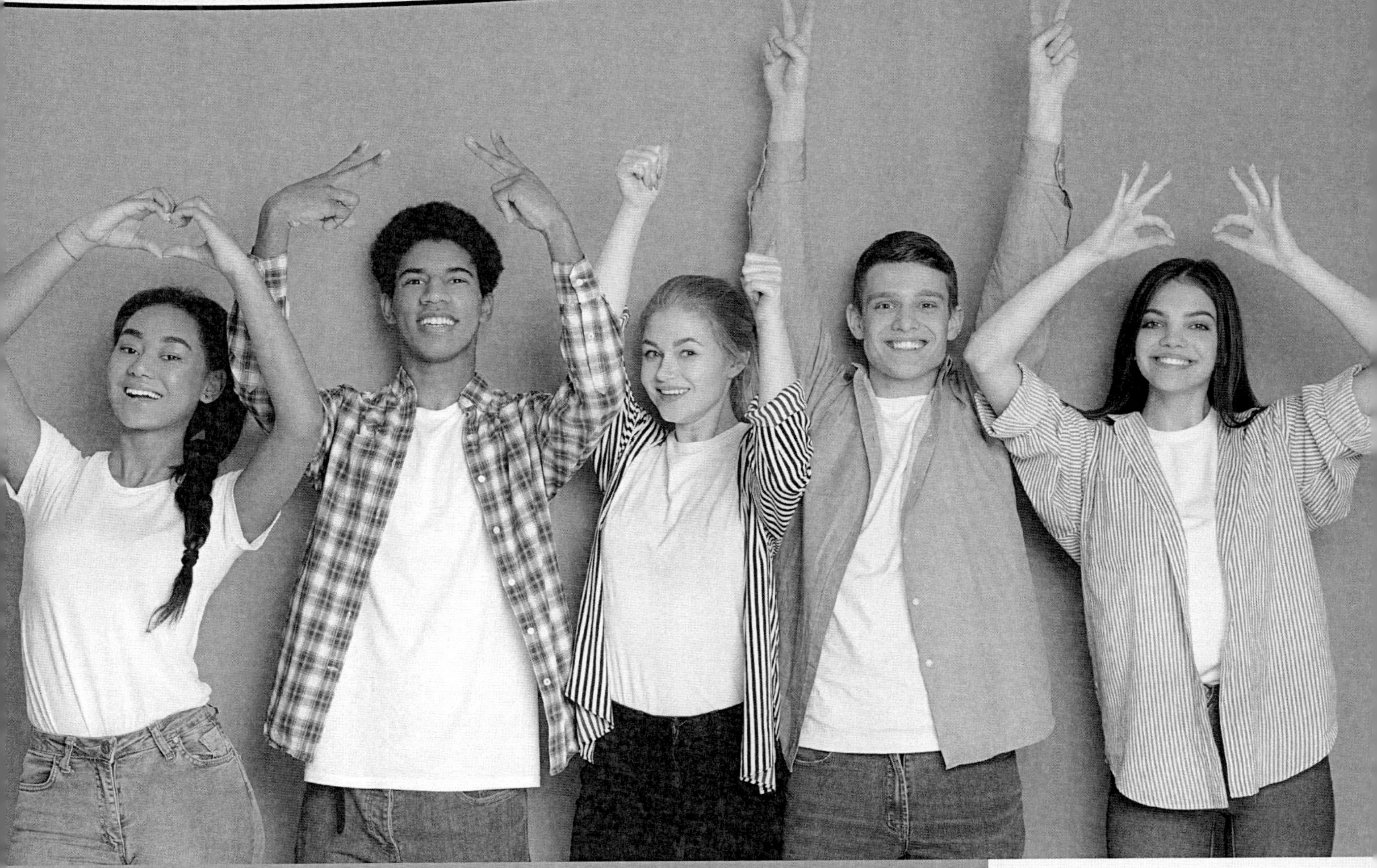

Vielseitige Übungseinheiten zur Stärkung der Alltagskommunikation

www.kohlverlag.de

So lerne ich Deutsch ... immer mehr! / Band 3

Vielseitige Übungseinheiten zur Stärkung der Alltagskommunikation

1. Auflage 2024

Inhalt: Friedhelm Heitmann & Billur Shirazi
Coverbild: © Prostock-studio – AdobeStock.com
Redaktion: Kohl-Verlag
Grafik & Satz: Kohl-Verlag
Druck: Druckhaus Flock, Köln

Bestell-Nr. 13 118

ISBN: 978-3-98841-199-0

Bildquellen © AdobeStock.com:

S. 2: Africa Studio; **S. 8:** Elnur; **S. 10:** Zarya Maxim; **S. 11:** Hubba Buba; **S. 12**: denis_vermenko; **S. 13:** rh2010; **S. 14:** gstockstudio; **S. 15:** malosdedos, Aliha, kankhem; **S. 16:** Iryna Petrenko, Olga Che, Vector Juice, dougilly, Ирина Курмаева, grafico2011; **S. 17:** ONYXprj, Roi_and_Roi; **S. 18:** Christian Schwier, TAN; **S. 19:** Colorful Studio; **S. 20:** snyGGG, Kowshar habib; **S. 21:** Red-Fish; **S. 22:** Vector Juice; **S. 23:** Fareeha; **S. 24:** Vectors_BySkop, nicoletaionescu; **S. 25:** john, Arma; **S. 26:** designsstock; **S. 27:** LanaSham, RTRO; **S. 28:** Peter Adrian, ольга ратобыльская, abangaboy; **S. 29:** Ziyan, Friedberg; **S. 31:** Anja, arifinzainal1728; **S. 32:** Nadezhda Mih: **S. 33:** Style-o-Mat-Design, Vardan; **S. 34:** Sebastian, Novian, Bill; **S. 35:** strichfiguren, TarikVision; **S. 36:** Colorfuel Studio, serkan; **S. 39:** Succo Design; **S. 40:** Colorfuel Studio; **S. 41**: sararoom; **S. 42**: Yevhen, MRSNURGAHAN, Mishi, Sensvector; **S. 43**: Cihat; **S. 44**: CaptainMCity, iclute, Hanna Syvak, Hassan; **S. 45**: cirodelia; **S. 46**: YG Studio, sabelskaya (2x); **S. 49:** denis_pc (2x), agnes; **S. 50:** castecodesign; **S. 51:** ONYXprj; **S. 52:** Mark; **S. 53:** MicroOne; **S. 54:** denis_pc (2x); **S. 55:** Kakigori Studio (2x); **S. 56:** 3Dmask; **S. 57:** LOVE VECTOR; **S. 58:** brgfx, tigatelu; **S. 59:** Bill, zeynurbabayev; **S. 60:** Angelina; **S. 61:** Kara; **S. 62:** VitalyTitov; **S. 64:** luengo_ua; **S. 66:** New Africa; **S. 67:** MINIVIDE; **S. 68:** Büro Z;

Sonstige Bildquellen:

S. 65: Nicole Heitmann generiert mit recraft.ai (4x)

Inhalt

So lerne ich Deutsch ... immer mehr! / Band 3
Vielseitige Übungseinheiten zur Stärkung der Alltagskommunikation – Bestell-Nr. 13 118

Inhalt

Seite

KOHL VERLAG Lernen mit Erfolg
So lerne ich Deutsch ... immer mehr! / Band 3

Vorwort

Liebe Kolleginnen, liebe Kollegen,

der vorliegende Band bildet die Fortsetzung der beiden im Kohl-Verlag veröffentlichten Werke:

- „So lerne ich Deutsch ... von Anfang an!" sowie
- „So lerne ich Deutsch ... weiter nach und nach!"

Kurzum gesagt geht es in diesen Bänden vor allem darum, Heranwachsenden, die nicht mit Deutsch als Muttersprache aufgewachsen sind, elementare Kenntnisse in der deutschen Sprache zu vermitteln. Zielsetzung ist, die Adressaten in der Sprache Deutsch zu fördern und damit voranzubringen.

Die Durchführung der Zielsetzung erfolgt in kleinen Schritten, zumal das Erlernen der deutschen Sprache nicht leicht ist. Unbedingt erforderlich dafür ist, sich intensiv mit deren Grammatik zu befassen. Denn die Grammatik bestimmt die Struktur der deutschen Sprache.

Von daher werden im dargebotenen Band – in der Grammatik voranschreitend – die Zeitformen Präteritum und Futur I, die Formen Aktiv und Passiv, die Wortarten und Satzglieder, ferner der Satzbau behandelt. Zudem sind Themenbereiche des Bandes die Gesprächsführung sowie das schriftliche Formulieren einfacher eigener Sätze und kurzer Texte (Näheres siehe Inhaltsverzeichnis).

Für Hinweise auf etwaige Fehler im Band sei vorweg gedankt, ebenfalls für sonstige Verbesserungsvorschläge zum Werk.

Viele Erfolge bei der Verwendung der Arbeitsmaterialien im Unterricht wünschen der Kohl-Verlag sowie

Friedhelm Heitmann und Billur Shirazi

Übrigens: Nach der Bearbeitung des vorliegenden Bandes bietet sich zum weiteren Lernen der deutschen Sprache das ebenfalls im Kohl-Verlag veröffentlichte Werk an: Friedhelm Heitmann, Billur Shirazi: Einfach Deutsch – Elementares Wissen leicht erklärt; erstmals veröffentlicht im Jahr 2022 (Bestell-Nr. 12 808)

Sprachen lernt man, indem man sie hört, liest, spricht und schreibt!

Das Buch gehört ...

Ich heiße: ______________________________

Vorname Nachname

Ich wohne in: ______________________________

Straße Nummer

____

Postleitzahl Ort

Ich bin __________ Jahre alt.

Ich gehe in die: ______________________________

Schulname

Meine Klasse heißt: __________

Meine Deutschlehrerin heißt: ______________________________

Mein Deutschlehrer heißt: ______________________________

Meine Meinung

Aufgabe: *Kreuze jeweils deine Meinung an.*

1. Ich verstehe in der deutschen Sprache:

☐	☐	☐	☐	☐
(fast) nichts	ein wenig	mittelmäßig	viel	sehr viel

2. Ich kann sprechen in der deutschen Sprache:

☐	☐	☐	☐	☐
(fast) nichts	ein wenig	mittelmäßig	viel	sehr viel

3. Ich kann schreiben in der deutschen Sprache:

☐	☐	☐	☐	☐
(fast) nichts	ein wenig	mittelmäßig	viel	sehr viel

4. Die deutsche Sprache zu erlernen ist:

☐	☐	☐	☐	☐
(sehr) schwer	schwer	nicht schwer, aber auch nicht leicht	leicht	sehr leicht

5. Das habe ich in der deutschen Sprache zum Beispiel gelernt:

____

____

____

____

____

____

____

____

KOHL VERLAG Lernen mit Erfolg
So lerne ich Deutsch ... immer mehr! / Band 3
Vielseitige Übungseinheiten zur Stärkung der Alltagskommunikation – Bestell-Nr. 13 118

Wörterbuch

Du brauchst ein gutes Wörterbuch. Damit du die deutsche Sprache (er)lernen kannst.

Nomen (= Namenwörter) beginnen mit einem großen Buchstaben (= Großbuchstaben) und stehen im 1. Fall (= Nominativ).

Hinter dem jeweiligen Nomen bedeuten die Abkürzungen m = maskulin (männlich), f = feminin (weiblich), n = neutral (sächlich).

Maskuline Nomen haben den Artikel (= Begleiter) „der", feminine Nomen den Artikel „die", neutrale Nomen den Artikel „das".

Hinter dem Nomen werden manchmal der Plural (= Mehrzahl) und die Endungen des Nomens in anderen Fällen angegeben.

Verben (= Zeitwörter) und andere Wörter stehen im Wörterbuch kleingeschrieben.

Verben kommen immer im Infinitiv (= Grundform) vor.

In vielen Wörterbüchern wird hinter jedem einzelnen Wort in eckigen Klammern [...] das Wort mit Symbolen dargestellt. Die Symbole sollen dabei helfen, das Wort richtig auszusprechen. Alle so verwendeten Symbole werden ganz vorn oder hinten im Wörterbuch erklärt.

KOHL VERLAG So lerne ich Deutsch ... immer mehr! / Band 3

Vorlage zum Eintragen von Vokabeln

Deutsch	Meine Sprache

Deutsch	Meine Sprache

So lerne ich Deutsch ... immer mehr! / Band 3
Vielseitige Übungseinheiten zur Stärkung der Alltagskommunikation – Bestell-Nr. 13 118
KOHL VERLAG

Mein bisheriges Leben in Deutschland

Aufgabe: *Ergänze.*

1. Ich stamme aus dem Land: ______________________________
2. Deshalb lebe ich jetzt in Deutschland: ______________________________

   ____

   ____
3. Ich lebe in Deutschland seit: ______________________________
4. Ich finde das Leben in Deutschland so:

   ☐ sehr gut ☐ gut ☐ mittelmäßig ☐ schlecht ☐ sehr schlecht
5. Deshalb finde ich das Leben in Deutschland so: ______________________________

   ____

   ____
6. Das gefällt mir in Deutschland: ______________________________

   ____

   ____
7. Das gefällt mir in Deutschland nicht: ______________________________

   ____

   ____
8. Das habe ich in Deutschland z. B. erlebt: ______________________________

   ____

   ____
9. Das möchte ich in Deutschland erreichen: ______________________________

   ____

   ____
10. Möchtest du in Deutschland bleiben? Ja oder Nein? Warum / warum nicht?

   ____

   ____

   ____

Lernen mit Erfolg KOHL VERLAG So lerne ich Deutsch ... immer mehr! / Band 3

Alles über Deutschland

Aufgabe 1: *Schreibe möglichst in kurzen Sätzen auf: Was weißt du bisher über Deutschland?*

Aufgabe 2: *Was möchtest du über Deutschland wissen? Schreibe deine Fragen auf.*

KOHL VERLAG So lerne ich Deutsch ... immer mehr! / Band 3 Vielseitige Übungseinheiten zur Stärkung der Alltagskommunikation – Bestell-Nr. 13 118

Regelmäßige Verben im Präteritum konjugieren

Auch das Präteritum ist eine Zeitform der Vergangenheit. Das Präteritum gilt als 1. Zeitform der Vergangenheit. Was im Präteritum steht, ist vorbei (= vergangen). Man benutzt das Präteritum meistens schriftlich.

In der Zeitform Präteritum setzt man bei regelmäßigen Verben hinter dem Wortstamm folgende Endungen ein:

Beispiel: fragen (= Infinitiv)

ich	**-te**	ich frag**te**
du	**-test**	du frag**test**
er / sie / es	**-te**	er / sie / es frag**te**
wir	**-ten**	wir frag**ten**
ihr	**-tet**	ihr frag**tet**
sie	**-ten**	sie frag**ten**

Aufgabe 1: *Konjugiere die 4 regelmäßigen Verben im Präteritum.*

	lernen	spielen	bauen	zeigen
ich **-te**				
du **-test**				
er / sie / es **-te**				
wir **-ten**				
ihr **-tet**				
sie **-ten**				

KOHL VERLAG So lerne ich Deutsch ... immer mehr! / Band 3

Regelmäßige Verben im Präteritum konjugieren

Der **Wortstamm** einiger Verben endet auf **-d, -t, -m** oder **-n**. Bei der Konjugation dieser Verben setzt man zusätzlich vor dem **-t** Endung ein **-e** ein.

Beispiel: baden (= Infinitiv)

1. Person Singular	**ich badete**
2. Person Singular	**du badetest**
3. Person Singular	**er / sie / es badete**
1. Person Plural	**wir badeten**
2. Person Plural	**ihr badetet**
3. Person Plural	**sie badeten**

Achtung: Der **Wortstamm** von lernen endet auf **-n**.
Trotzdem kein zusätzliches **-e**!

Aufgabe 2: *Konjugiere die 4 regelmäßigen Verben im Präteritum.*

	melden	**antworten**	**atmen**	**zeichnen**
ich				
du				
er / sie / es				
wir				
ihr				
sie				

KOHL VERLAG Lernen mit Erfolg
So lerne ich Deutsch ... immer mehr! / Band 3
Vielseitige Übungseinheiten zur Stärkung der Alltagskommunikation – Bestell-Nr. 13 118

Unregelmäßige Verben im Präteritum konjugieren

Auch bei der Konjugation im Präteritum ändert sich bei den allermeisten unregelmäßigen Verben im Wortstamm der Vokal (= Selbstlaut).

Beispiel: geben   Beispiel: fahren

	geben	fahren
1. Person Singular	**ich gab**	**ich fuhr**
2. Person Singular	**du gabst**	**du fuhrst**
3. Person Singular	**er / sie / es gab**	**er / sie / es fuhr**
1. Person Plural	**wir gaben**	**wir fuhren**
2. Person Plural	**ihr gabt**	**ihr fuhrt**
3. Person Plural	**sie gaben**	**sie fuhren**

Die Endungen bei der Konjugation im Präteritum sind bei allen unregelmäßigen Verben

- in der 1. Person Singular und 3. Person Singular **unterschiedlich**, aber
- in der 2. Person Singular und allen Personen im Plural **gleich**:

Endungen:

ich	**unterschiedlich**
du	**-st**
er / sie / es	**unterschiedlich**
wir	**-en**
ihr	**-t**
sie	**-en**

Unregelmäßige Verben im Präteritum konjugieren

Aufgabe 1: *Ergänze bei den unregelmäßigen Verben die fehlenden Konjugationen im Präteritum.*

	lesen	schreiben	kommen
ich	las	schrieb	kam
du			
er / sie / es			
wir			
ihr			
sie			

	fliegen	denken	wissen
ich	flog	dachte	wusste
du			
er / sie / es			
wir			
ihr			
sie			

Aufgabe 2: *Schreibe diese Verben in deiner Sprache auf.*

lesen: ______________________________

schreiben: ______________________________

kommen: ______________________________

fliegen: ______________________________

denken: ______________________________

wissen: ______________________________

So lerne ich Deutsch ... immer mehr! / Band 3
Vielseitige Übungseinheiten zur Stärkung der Alltagskommunikation – Bestell-Nr. 13 118
KOHL VERLAG

25 unregelmäßige Verben im Präteritum 3. Person Singular

Beispiel: er befahl
Infinitiv = befehlen

Aufgabe: *Wie heißen diese Verben im Infinitiv?*

1. sie begann ____________________
2. sie blieb ____________________
3. sie brachte ____________________
4. er aß ____________________
5. sie fand ____________________
6. er fiel ____________________
7. es gab ____________________
8. sie ging ____________________
9. sie gewann ____________________
10. es lief ____________________
11. es kam ____________________
12. sie ließ ____________________
13. er half ____________________
14. er lag ____________________
15. sie nahm ____________________
16. sie rief ____________________
17. er schlief ____________________
18. er sah ____________________
19. sie saß ____________________
20. er sprach ____________________
21. sie stand ____________________
22. sie trank ____________________
23. sie vergaß ____________________
24. er verlor ____________________
25. es zog ____________________

So lerne ich Deutsch ... immer mehr! / Band 3
KOHL VERLAG

Erzählung im Präsens in das Präteritum übertragen

<u>Aufgabe</u>: *Unterstreiche in den 10 Sätzen die Verben. Schreibe dann die 10 Sätze in der Zeitform Präteritum auf.*

Eine Brieftasche auf einem Autodach

1. Ein Mann zieht sich bei seinem Auto frische Kleidung an.
2. Er legt seine Brieftasche auf das Dach des Autos.
3. Aber der Mann vergisst die Brieftasche.
4. Mit seinem Auto fährt er auf eine Autobahn.
5. Dort fliegt die Brieftasche vom Autodach.
6. Ein anderer Autofahrer sieht das.
7. Dieser Autofahrer ruft die Polizei an.
8. Auf der Autobahn finden Polizisten die Brieftasche.
9. Sie sammeln Ausweise, Karten ... und etwa 100 € Bargeld ein.
10. Die Polizisten geben dem Eigentümer die Brieftasche mit dem Inhalt zurück.

<u>Hinweis</u>: In den oberen 10 Sätzen kommen 8 unregelmäßige Verben und 2 regelmäßige Verben vor.

Eine Brieftasche auf einem Autodach

1. ____________________
2. ____________________
3. ____________________
4. ____________________
5. ____________________
6. ____________________
7. ____________________
8. ____________________
9. ____________________
____
10. ____________________
____

So lerne ich Deutsch ... immer mehr! / Band 3
Vielseitige Übungseinheiten zur Stärkung der Alltagskommunikation – Bestell-Nr. 13 118
KOHL VERLAG

Das Futur I bilden

Futur I (= Zukunft I) ist das Gegenteil von Vergangenheit. In der Zeitform Futur I schreibt man, was wahrscheinlich oder vielleicht passieren wird.

Man bildet das Futur I mit Personalformen des Hilfsverbs werden und dem Infinitiv (= Grundform) von Vollverben.

Beispiel: lernen (= Infinitiv)

1. Person Singular	**ich werde lernen**
2. Person Singular	**du wirst lernen**
3. Person Singular	**er / sie / es wird lernen**
1. Person Plural	**wir werden lernen**
2. Person Plural	**ihr werdet lernen**
3. Person Plural	**sie werden lernen**

Aufgabe 1: *Setze verschiedene Vollverben ein.*

1. ich werde ______________
2. du wirst ______________
3. er / sie / es wird ______________
4. wir werden ______________
5. ihr werdet ______________
6. sie werden ______________

Aufgabe 2: *Setze die richtige Form des Hilfsverbs **werden** ein.*

1. Der Mann ____________ Fernsehen gucken.
2. Die Frau ____________ Zeitung lesen.
3. Die Kinder ____________ Fußball spielen.

KOHL VERLAG
So lerne ich Deutsch ... immer mehr! / Band 3

Die Zukunft ausdrücken

Aufgabe 1: *Bilde 5 eigene Sätze in der Zeitform Futur I. Was wirst du in der nächsten Woche machen?*

Das konjugierte Hilfsverb **werden** kann in Sätzen allein als Vollverb stehen. Auch so wird etwas über die Zukunft ausgedrückt.

Beispiel: Ich werde Maler.

Die Zukunft kann man aber auch anders ausdrücken: Man benutzt die Zeitform **Präsens** und **Wörter mit Zeitangaben** wie zum Beispiel morgen, übermorgen, nächsten Mittwoch, bald.

Beispiele: Morgen besuche ich einen Freund.
Wir schreiben eine Arbeit am nächsten Freitag.
Es gibt bald Ferien.

Aufgabe 2: *Schreibe 5 eigene Sätze in der Zeitform Präsens über die Zukunft. Benutze dabei Wörter mit Zeitangaben.*

KOHL VERLAG So lerne ich Deutsch ... immer mehr! / Band 3 Vielseitige Übungseinheiten zur Stärkung der Alltagskommunikation – Bestell-Nr. 13 118

Aktiv und Passiv im Präsens

In der deutschen Sprache gibt es die Formen Aktiv und Passiv. Im Aktiv sagt man: Wer oder was tut etwas? Im Passiv sagt man: Was passiert mit einer Person oder Sache ...?

Du kannst das Aktiv und Passiv in verschiedenen Zeitformen bilden. Aber nicht mit allen Verben lässt sich das Passiv bilden.

Beispiel: holen

	Aktiv im Präsens	Passiv im Präsens
1. Person Singular	**ich hole**	**ich werde geholt**
2. Person Singular	**du holst**	**du wirst geholt**
3. Person Singular	**er / sie / es holt**	**er / sie / es wird geholt**
1. Person Plural	**wir holen**	**wir werden geholt**
2. Person Plural	**ihr holt**	**ihr werdet geholt**
3. Person Plural	**sie holen**	**sie werden geholt**

Aufgabe: *Konjugiere den Infinitiv* ***loben*** *im Aktiv Präsens und im Passiv Präsens.*

	Aktiv im Präsens	Passiv im Präsens
ich		
du		
er / sie / es		
wir		
ihr		
sie		

KOHL VERLAG So lerne ich Deutsch ... immer mehr! / Band 3

Aktiv und Passiv im Präteritum

Beispiel: fragen

	Aktiv im Präteritum	Passiv im Präteritum
1. Person Singular	ich fragte	ich wurde gefragt
2. Person Singular	du fragtest	du wurdest gefragt
3. Person Singular	er / sie / es fragte	er / sie / es wurde gefragt
1. Person Plural	wir fragten	wir wurden gefragt
2. Person Plural	ihr fragtet	ihr wurdet gefragt
3. Person Plural	sie fragten	sie wurden gefragt

Beispiel: fahren

	Aktiv im Präteritum	Passiv im Präteritum
1. Person Singular	ich fuhr	ich wurde gefahren
2. Person Singular	du fuhrst	du wurdest gefahren
3. Person Singular	er / sie / es fuhr	er / sie / es wurde gefahren
1. Person Plural	wir fuhren	wir wurden gefahren
2. Person Plural	ihr fuhrt	ihr wurdet gefahren
3. Person Plural	sie fuhren	sie wurden gefahren

Aufgabe: *Konjugiere* a) **schicken** *im Singular und* b) **sehen** *im Plural.*

a)	Aktiv im Präteritum	Passiv im Präteritum
ich		
du		
er / sie / es		

b)	Aktiv im Präteritum	Passiv im Präteritum
wir		
ihr		
sie		

Aktiv oder Passiv?

<u>Aufgabe</u>: *Welche Sätze stehen im Aktiv? Welche Sätze stehen im Passiv? Schreibe die Sätze jeweils unten in den richtigen Kasten.*

1. Der Lehrer fragt die Schüler.
2. Die Schüler werden gefragt.
3. Du wirst gerufen.
4. Die Lehrerin ruft dich.
5. Ein anderer Schüler hilft mir.
6. Mir wird von einem anderen Schüler geholfen.
7. Im Unterricht wurde gerechnet.
8. Im Unterricht rechneten die Schüler.
9. Die Schüler wurden von der Lehrerin gelobt.
10. Hoffentlich werden die Schüler noch mehr lernen.

Sätze im Aktiv

1. ______________________
2. ______________________
3. ______________________
4. ______________________
5. ______________________

Sätze im Passiv

1. ______________________
2. ______________________
3. ______________________
4. ______________________
5. ______________________

Lernen mit Erfolg KOHL VERLAG So lerne ich Deutsch ... immer mehr! / Band 3

Das Passiv des Vorganges und das Passiv des Zustandes

Das **Passiv des Vorganges** zeigt an: Es passiert etwas (Präsens) oder es passierte etwas (Präteritum).

Das Passiv des Vorganges bildet man mit dem Hilfsverb <u>werden</u> und dem <u>Partizip II</u> des jeweiligen Vollverbs.

<u>Beispiele</u>: Der Schüler wird gefragt. (Präsens) — Der Schüler wurde gefragt. (Präteritum)
Das Auto wird beschädigt. (Präsens) — Das Auto wurde beschädigt. (Präteritum)

Das **Passiv des Zustandes** zeigt an: Es entwickelt sich eine Situation/Lage (Präsens) oder es entwickelte sich eine Situation/Lage (Präteritum).

Das Passiv des Zustandes bildet man mit dem Hilfsverb <u>sein</u> und dem <u>Partizip II</u> des jeweiligen Vollverbs.

<u>Beispiele</u>: Der Schüler ist gefragt. (Präsens) — Der Schüler war gefragt. (Präteritum)
Das Auto ist beschädigt. (Präsens) — Das Auto war beschädigt. (Präteritum)

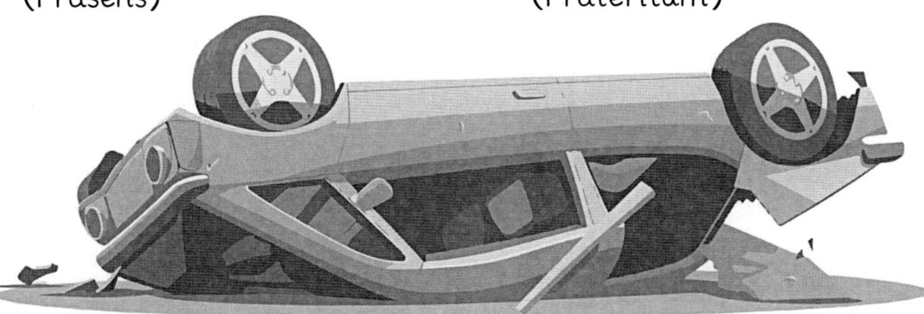

<u>Aufgabe</u>: *Schreibe die 3 Sätze darunter jeweils als Passiv des Zustandes.*

1. Die Türen werden um 18:00 Uhr geschlossen.

____

2. Durch den Unfall wurden zwei Personen verletzt.

____

3. Ihr werdet eingeladen.

____

KOHL VERLAG So lerne ich Deutsch ... immer mehr! / Band 3 Vielseitige Übungseinheiten zur Stärkung der Alltagskommunikation – Bestell-Nr. 13 118

Nomen, Artikel, Verben, Adjektive, Pronomen

1. <u>Nomen (= Namenwörter)</u>
   Nomen sind Namenwörter für Menschen, Tiere, Pflanzen, Gegenstände, Zustände, Vorgänge ...
   <u>Beispiele</u>: Frau, Pferd, Baum, Buch, Gesundheit, Arbeit ...

2. <u>Artikel (= Begleiter)</u>
   Artikel stehen vor Nomen. Die Artikel nennen das Geschlecht der Nomen: männlich (= maskulin), weiblich (= feminin) oder sächlich (= neutral)
   <u>Beispiele</u>:
   - für bestimmte Artikel: der, die, das ...
   - für unbestimmte Artikel: ein, eine ...

3. <u>Verben (= Tunwörter, Zeitwörter)</u>
   Verben geben Tätigkeiten, Zustände, Vorgänge ... an.
   <u>Beispiele</u>: lesen, spielen, hoffen ...
   Man unterscheidet:
   - Vollverben (z.B. schreiben)
   - Hilfsverben (z.B. werden)
   - Modalverben (z.B. dürfen)
   - ...

4. <u>Adjektive (= Eigenschaftswörter, Wiewörter)</u>
   Adjektive beschreiben Eigenschaften. Wie ist etwas?
   <u>Beispiele</u>: dunkel, langsam, alt, fröhlich, hoch ...

5. <u>Pronomen (= Fürwörter)</u>
   Pronomen ersetzen Nomen.
   Es gibt u.a.:
   - Personalpronomen wie z.B. ich, es, sie ...
   - Possessivpronomen wie z.B. mein, deine, euer ...

Sätze mit verschiedenen Wortarten (I)

Sätze bestehen aus verschiedenen Wortarten.

Beispiele:

Blumen	blühen.
Nomen	Verb

Die	Vögel	fliegen.
Artikel	Nomen	Verb

Der	Junge	läuft	schnell.
Artikel	Nomen	Verb	Adjektiv

Ich	höre	ein	schönes	Lied.
Pronomen	Verb	Artikel	Adjektiv	Nomen

Aufgabe: *Gib zu jedem Wort der 2 Sätze jeweils darunter die Wortart an.*

1.

Hell	leuchtet	der	Mond.

2.

Mein	Vater	erklärt	die	Sterne.

KOHL VERLAG
So lerne ich Deutsch ... immer mehr! / Band 3
Vielseitige Übungseinheiten zur Stärkung der Alltagskommunikation – Bestell-Nr. 13 118

Präpositionen

Was sind Präpositionen?

Präpositionen (= Verhältniswörter) geben ein Verhältnis, eine Beziehung an. In Sätzen stehen Präpositionen fast immer vor Artikeln, Nomen oder Pronomen. Meistens sind Präpositionen kurze Wörter.

In der Tabelle unten sind 10 Beispiele von deutschen Präpositionen aufgeführt.

Aufgabe 1: *Übersetze die Präpositionen in der Tabelle in deine Muttersprache.*

Deutsch	Meine Sprache
an	
auf	
durch	
im	
in	

Deutsch	Meine Sprache
mit	
nach	
über	
um	
zu	

Aufgabe 2: *Setze die 10 Präpositionen aus der Tabelle richtig ein.*

1. Emilio kommt _______ einem Bahnhof.
2. Der Junge trifft seinen Freund _______ dem Bahnhof.
3. Emilio redet _______ ihm.
4. Beide gehen _______ ein Kino.
5. Die zwei Freunde sehen einen Film _______ Harry Potter.
6. Sie essen Eis _______ Kino.
7. Später spazieren Emilio und sein Freund _______ einen Park.
8. Sie setzen sich _______ eine Bank und unterhalten sich.
9. Emilio und sein Freund verabschieden sich _______ 18:00 Uhr.
10. Beide fahren _______ Hause.

KOHL VERLAG
So lerne ich Deutsch ... immer mehr! / Band 3

Akkusativ nach Präpositionen

Bei Fragen beginnend mit „<u>Wohin</u> … ?" steht nach Präpositionen gewöhnlich der <u>Akkusativ</u> (= 4. Fall).

<u>Beispiele</u>:

- Frage: Wohin gehst du?

  Antwort: Ich gehe **in** (Präposition) **das Schwimmbad** (Akkusativ).

- Frage: Wohin fährt das Mädchen?

  Antwort: Das Mädchen fährt **in** (Präposition) **die Stadt** (Akkusativ).

- Frage: Wohin setzt sich die Katze?

  Antwort: Die Katze setzt sich **auf** (Präposition) **den Stuhl** (Akkusativ).

<u>Aufgabe</u>: den, **die** oder **das**? *Setze den richtigen Artikel ein.*

1. Die Kinder gehen in _______ Schule.
2. Die Mutter stellt das Essen auf _______ Tisch.
3. Der Vater hängt ein Bild an _______ Wand.
4. Ich lege mich in _______ Bett.
5. Die Schüler packen ihre Hefte in _______ Tasche.
6. Der Vogel fliegt auf _______ Dach des Hauses.
7. Der Hund legt sich vor _______ Tür.
8. Der Ball fliegt über _______ Tor.
9. Die kleine Kugel rollt unter _______ Schrank.
10. Das Auto fährt auf _______ Parkplatz.

So lerne ich Deutsch ... immer mehr! / Band 3
Vielseitige Übungseinheiten zur Stärkung der Alltagskommunikation – Bestell-Nr. 13 118
KOHL VERLAG

Die Präpositionen nach und zu

Auf Fragen beginnend mit „**Wohin** …?" können Antworten u.a. mit der Präposition „**nach**" oder „**zu**" folgen.

Die Präposition **nach** benutzt man bei Angaben von **Städten**, **Ländern**, **Himmelsrichtungen** …

Beispiele:

- Die Familie zieht um **nach** München.
- Der Mann reist **nach** Frankreich.
- Die Vögel fliegen **nach** Süden.

Hinweis: Hinter der Präposition **nach** steht **kein** Artikel.

Die Präposition **zu** benutzt man bei Angaben von **Personen**, **Gebäuden**, **Plätzen** …

Beispiele:

- Der Vater fährt **zu** dem (= zum) Arzt.
- Die Mutter geht **zu** der (= zur) Kirche.
- Die Jungen laufen **zu** dem (= zum) Sportplatz.

Hinweis: Hinter der Präposition **zu** steht nie der Akkusativ, sondern immer der **Dativ** (= 3. Fall)!

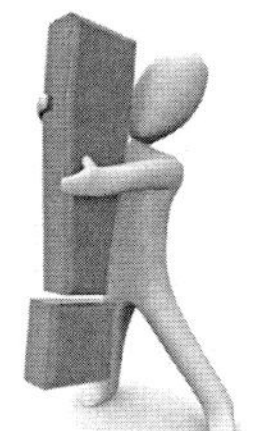

KOHL VERLAG
So lerne ich Deutsch … immer mehr! / Band 3

Der Dativ nach Präpositionen

Bei Fragen beginnend mit „Wo ... ?" steht nach Präpositionen gewöhnlich der Dativ (= 3. Fall).

Beispiele:

- Frage: Wo bist du?

  Antwort: Ich bin **in** **der Schule**.
  (in = Präposition, der Schule = Dativ)

- Frage: Wo ist das Buch?

  Antwort: Das Buch ist **in** **dem Regal**.
  (in = Präposition, dem Regal = Dativ)

- Frage: Wo liegt noch Staub?

  Antwort: Staub liegt noch **auf** **den Schränken**.
  (auf = Präposition, den Schränken = Dativ)

Aufgabe: dem, der oder **den**? *Setze den richtigen Artikel ein.*

1. Der Hund befindet sich in _______ Garten.
2. Ein Mann steht vor _______ Tür.
3. Es ist glatt auf _______ Straßen.
4. An _______ Kreuzung ist ein Unfall passiert.
5. Die Sporthalle liegt hinter _______ Häusern.
6. Das Auto parkt auf _______ Parkplatz.
7. Auf _______ Wiese spielen Jungen Fußball.
8. Eine Lampe hängt direkt über _______ Tisch.
9. Unter _______ Brücke fließt ein Fluss.
10. Das Flugzeug fliegt über _______ Wolken.

KOHL VERLAG
So lerne ich Deutsch ... immer mehr! / Band 3
Vielseitige Übungseinheiten zur Stärkung der Alltagskommunikation – Bestell-Nr. 13 118

Verbinden von Präpositionen und bestimmten Artikeln

In der deutschen Sprache kann man einige Präpositionen mit bestimmten Artikeln zu jeweils einem Wort verbinden. Dies macht man meistens in der mündlichen Umgangssprache.

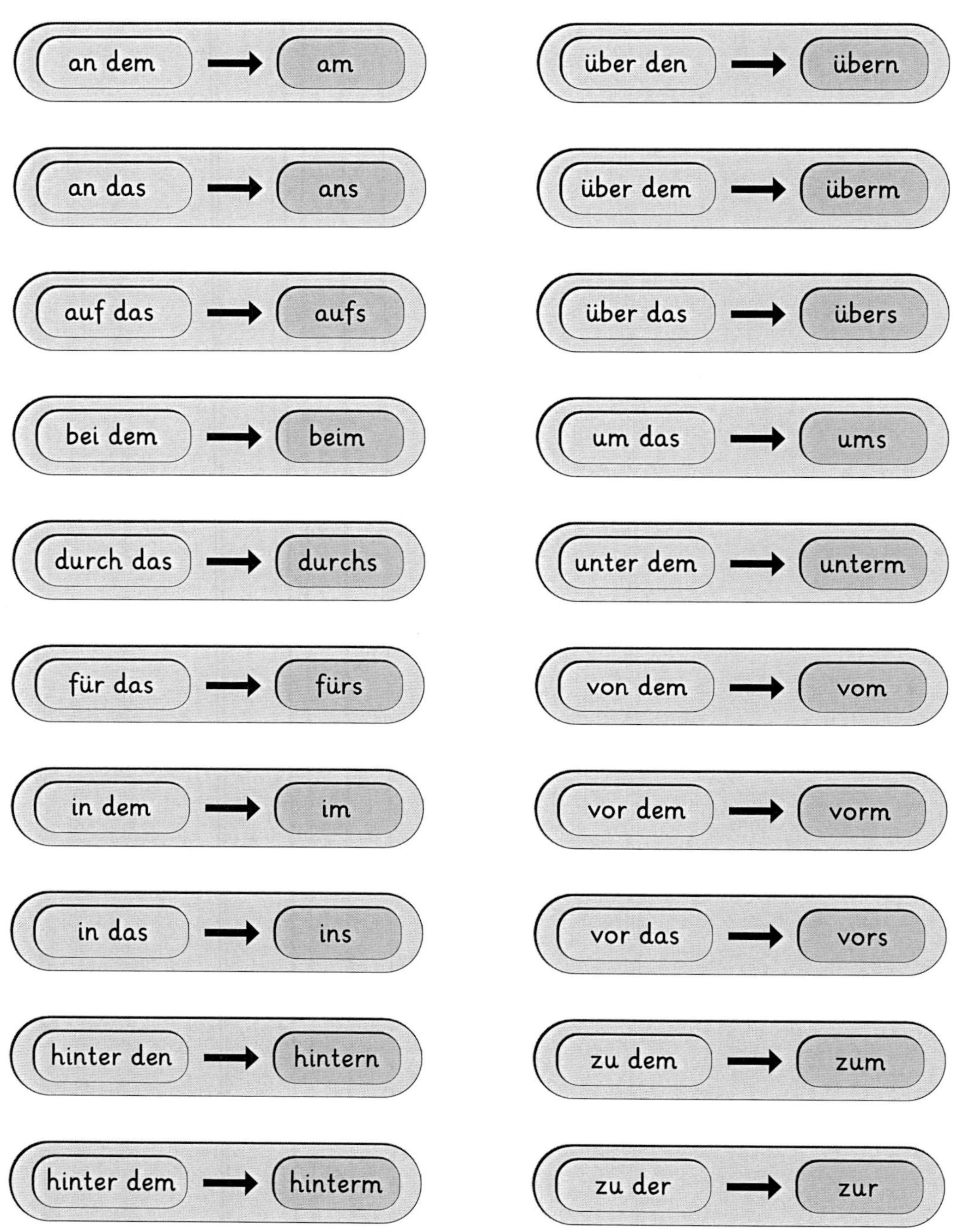

...

So lerne ich Deutsch ... immer mehr! / Band 3
KOHL VERLAG

Adverbien

Adverbien (= Umstandswörter) beschreiben Ereignisse, Zustände, Vorgänge genauer.

Die Adverbien können etwas Aussagen über:

- den **Ort** (wo? wohin?) Beisp.: hier, dort, links, dorthin, vorwärts ...
- die **Zeit** (wann?) Beisp.: heute, täglich, dann, oft, bald ...
- den **Grund** (weshalb?) Beisp.: deshalb, somit, also, darum, trotzdem ...
- die **Art und Weise** (wie?) Beisp.: gern, sehr, fast, vielleicht, genauso ...

Die meisten Adverbien lassen sich nicht steigern. Manche aber schon, z.B.:

Grundstufe	1. Steigerungsstufe (= Komperativ)	2. Höchststufe (= Superlativ)
gern	lieber	am liebsten
sehr	mehr	am meisten
oft	öfter	am öftesten

Aufgabe: *Unterstreiche in den Sätzen die Adverbien (= Umstandswörter).*

1. Das Kino befindet sich dort.
2. Bald wird es Frühling.
3. Das Mädchen hört gern Musik.
4. Aufgrund von Schnee und Eis fällt das Fußballspiel aus.
5. Manchmal spielen wir auf dem Schulhof Basketball.
6. Der Baum ist sehr alt.
7. Ich kann dich morgen besuchen.
8. Ein Junge klettert den Baum hinauf.
9. Er geht allein in das Museum.
10. Es regnet, trotzdem gehen die Eltern spazieren.
11. Die Straße verläuft nach rechts.
12. Ich bin müde. Deshalb gehe ich zu Bett.

So lerne ich Deutsch ... immer mehr! / Band 3
Vielseitige Übungseinheiten zur Stärkung der Alltagskommunikation – Bestell-Nr. 13 118
KOHL VERLAG

Konjunktionen

Konjunktionen (= Bindewörter) verbinden Wörter, Satzglieder (= Satzteile) oder Sätze miteinander.

Es gibt **nebenordnende Konjunktionen** wie z. B. und, sowie, oder, aber, sondern, weder … noch …

Beispiele:

- Ich habe zwei Schwestern **und** einen Bruder.
- Du kannst mich besuchen **oder** ich dich.
- Die Frau mag keinen Kaffee, **sondern** Tee.
- **Weder** der Vater **noch** die Mutter sind zuhause.

Unterordnenden Konjunktionen sind z. B. dass, nachdem, weil, wenn, ob, obwohl … Diese Konjunktionen verbinden Hauptsätze mit Nebensätzen.

Beispiele:

- Viele Leute freuen sich, **dass** endlich die Sonne scheint.
- Der Unterricht fällt nicht aus, **weil** die Lehrerin wieder gesund ist.
- Wir wissen nicht, **ob** du Zeit hast.
- **Nachdem** ich meine Hausaufgaben erledigt habe, ruhe ich mich aus.

Aufgabe: *Setze die Konjunktionen im Kasten an den richtigen Stellen in die Sätze ein.*

aber • als • damit • dass • nachdem • oder • sowohl • um • und • wie

1. Mein Vater ________ meine Mutter gingen im Wald spazieren.
2. Dort sahen sie keine Rehe sowie Hirsche, ________ viele Vögel.
3. Entweder saßen die Vögel z. B. auf Bäumen ________ flogen durch die Luft.
4. Die Eltern sahen, ________ Marder sehr gut auf Bäumen klettern können.
5. Auch beobachteten sie, ________ ein Fuchs hungrig durch den Wald lief.
6. Auch andere Tiere waren im Wald unterwegs, ________ Nahrung zu finden.
7. In der Natur erholten sich ________ mein Vater als auch meine Mutter.
8. Sie setzten sich auf eine Bank, ________ sie sich ausruhen konnten.
9. ________ sie sich ausgeruht hatten, wanderten sie weiter.
10. Meine Eltern gingen erst nach Hause, ________ es dunkel wurde.

KOHL VERLAG So lerne ich Deutsch ... immer mehr! / Band 3

Numeralien

Auch Numeralien (= Zahlwörter) gelten als eine Wortart. Numeralien können angeben: genaue Anzahlen, ungefähre Mengen, Reihenfolgen …

Man unterscheidet verschiedene Arten von Zahlwörtern:

- **bestimmte** Zahlwörter wie zum Beispiel **vier**
- **unbestimmte** Zahlwörter wie zum Beispiel **viele**
- **Ordnungszahlen** wie zum Beispiel **Dritter**
- **Bruchzahlen** wie zum Beispiel zwei **Achtel**
- …

<u>Aufgabe</u>: *Ordne die Zahlwörter im Kasten den in der Tabelle genannten Arten von Zahlwörtern richtig zu.*

drei • drei Viertel • eine Million • einige • ein Siebtel • Erster • halb • hundert • Letzter • mehrere • tausend • viele • viereinhalb • vierte … • vorletzte … • zahlreiche

bestimmte Zahlwörter	unbestimmte Zahlwörter	Ordnungszahlen	Bruchzahlen

KOHL VERLAG So lerne ich Deutsch ... immer mehr! / Band 3 Vielseitige Übungseinheiten zur Stärkung der Alltagskommunikation – Bestell-Nr. 13 118

Interjektionen

Interjektionen (= Ausrufewörter) können ausdrücken: Freude, Erstaunen, Schmerzen, Tierstimmen, Geräusche ...

Man benutzt Interjektionen in der deutschen Sprache meistens mündlich. Aber auch schriftlich lassen sich Interjektionen verwenden.

In Sätzen stehen Interjektionen gewöhnlich am Anfang.

<u>Aufgabe</u>: *Setze die Interjektionen im Kasten in die Sätze an den richtigen Stellen ein.*

Ach • Au • Hey • Hm • Hurra • Igitt • Miau • Nanu • Peng • Pst

1. ________ , wir haben das Spiel gewonnen.
2. ________ , wer kommt denn da?
3. ________ , das tut weh.
4. ________ , eine Katze war zu hören.
5. ________ , da schießt jemand.
6. ________ , wie das schmeckt.
7. ________ du, pass mal auf!
8. ________ , sei endlich leise!
9. ________ , das ist nicht so wichtig.
10. ________ , das ist ja eklig.

Lernen mit Erfolg KOHL VERLAG So lerne ich Deutsch ... immer mehr! / Band 3
Vielseitige Übungseinheiten zur Stärkung der Alltagskommunikation • Bestell-Nr. 12 118

Präpositionen, Adverbien, Konjunktionen, Numeralien, Interjektionen

1. **Präpositionen (= Verhältniswörter)**

   Präpositionen geben ein Verhältnis, eine Beziehung an. In Sätzen stehen Präpositionen fast immer vor Artikeln, Nomen oder Pronomen.

   Beispiele: in, vor, auf, nach, zum ...

2. **Adverbien (= Umstandswörter)**

   Adverbien beschreiben genauer Ereignisse, Zustände, Vorgänge ...

   Beispiele: dort, gestern, bald, deshalb, sehr ...

3. **Konjunktionen (= Bindewörter)**

   Konjunktionen verbinden Wörter, Satzglieder (= Satzteile) oder Sätze miteinander.

   Beispiele für:
   - **nebenordnende** Konjunktionen: und, sowie, oder, aber, sowohl ... als auch ...
   - **unterordnende** Konjunktionen: weil, dass, wenn, nachdem, ob ...

4. **Numeralien (= Zahlwörter)**

   Numeralien können angeben: genaue Anzahlen, ungefähre Mengen, Reihenfolgen ...

   Beispiele: fünf, zwanzig, einige, Zweiter, ein Viertel ...

5. **Interjektionen (= Ausrufewörter)**

   Interjektionen können ausdrücken: Freude, Erstaunen, Schmerzen, Tierstimmen, Geräusche ...

   Beispiele: hurra, nanu, aua, miau, peng ...

So lerne ich Deutsch ... immer mehr! / Band 3
Vielseitige Übungseinheiten zur Stärkung der Alltagskommunikation – Bestell-Nr. 13 118
KOHL VERLAG

Sätze mit verschiedenen Wortarten (II)

In der deutschen Sprache unterscheidet man 10 verschiedene Wortarten:

1. Nomen (= Namenwörter)	2. Artikel (= Begleiter)
3. Verben (= Tunwörter)	4. Adjektive (= Wiewörter)
5. Pronomen (= Fürwörter)	6. Präpositionen (= Verhältniswörter)
7. Adverbien (= Umstandswörter)	8. Konjunktionen (= Bindewörter)
9. Numeralien (= Zahlwörter)	10. Interjektionen (= Ausrufewörter)

In den Sätzen kommen verschiedene Wortarten vor.

<u>Beispiele</u>:

Viele	Leute	fahren	zur	Arbeit.
Numerale	Nomen	Verb	Präposition	Nomen

Hurra,	nun	beginnen	die	Ferien!
Interjektion	Adverb	Verb	Artikel	Nomen

<u>Aufgabe</u>: *Gib zu jedem Wort der 2 Sätze jeweils darunter die Wortart an.*

1.

Du	und	ich
können	**zusammen**	**lernen.**

2.

Wir	hoffen	auf
sehr	**schönes**	**Wetter.**

So lerne ich Deutsch ... immer mehr! / Band 3
KOHL VERLAG

Teste dich – was kannst du? (I)

Aufgabe 1: *Konjugiere das regelmäßige Verb **arbeiten** im Präteritum.*

ich ____________ du ____________ er/sie/es ____________

wir ____________ ihr ____________ sie (Plural) ____________

Aufgabe 2: *Konjugiere das unregelmäßige Verb **lesen** im Präteritum.*

ich ____________ du ____________ er/sie/es ____________

wir ____________ ihr ____________ sie (Plural) ____________

Aufgabe 3: *Schreibe die 4 Sätze in der Zeitform Präteritum auf.*

Der Lehrer erzählt eine Geschichte. Die Schüler passen dabei auf.

____

Einige Autos fahren zu schnell. Es gibt deshalb einen Unfall.

____

Aufgabe 4: *Schreibe die 4 Sätze in der Zeitform Futur I auf.*

Der Mann kommt zu spät. Die Schüler freuen sich auf den Ausflug.

____

____

Ich bereite mich auf den Test vor. Wir laden euch zur Feier ein.

____

____

Aufgabe 5: *Übertrage die Verbformen vom Präsens Aktiv ins Präsens Passiv.*

ich frage ____________________

du rufst ____________________

wir fahren ____________________

ihr holt ____________________

KOHL VERLAG So lerne ich Deutsch ... immer mehr! / Band 3
Vielseitige Übungseinheiten zur Stärkung der Alltagskommunikation – Bestell-Nr. 13 118

Teste dich – was kannst du? (I)

Aufgabe 6: *Übertrage die Sätze vom Präsens Passiv ins Präteritum Passiv.*

Eine Rede wird gehalten. Lieder werden gesungen.

____

____

Es wird viel getanzt. Ihr werdet besonders gelobt.

____

____

Aufgabe 7: *Zu welchen Wortarten gehören die Wörter?*

lachen = ______________ Freunde = ______________

der = ______________ groß = ______________

wir = ______________

Aufgabe 8: *Setze in den folgenden Sätzen die richtigen bestimmten Artikel ein.*

Ich gehe in ________ Schule. Ich komme zurück in ________ Haus.

Die Frau geht in ________ Wald. Ich bin in ________ Schule.

Wir sitzen in ________ Haus. Sie ist in ________ Wald.

Aufgabe 9: *Zu welchen Wortarten gehören jeweils die Wörter?*

in = ______________ gern = ______________

und = ______________ drei = ______________

hurra = ______________

Aufgabe 10: *Denke dir einen Satz aus und schreibe ihn auf. In dem Satz sollen möglichst viele verschiedene Wortarten vorkommen.*

____

____

Erreichte Punktzahl: ______________ Note: ______________

Satzglieder

Was sind Satzglieder? **Satzglieder sind Teile des Satzes.**

<u>Beispiel</u>: Ich lerne die deutsche Sprache.

Der obere Satz besteht aus 5 Wörtern, aber nur 3 Satzgliedern.
Jedes Satzglied bildet eine feste Einheit.

<u>Aufgabe 1</u>: *Die Satzglieder lassen sich im Satz umstellen. Stelle die 3 Satzglieder des oberen Satzes um. Das heißt: Bringe die 3 Satzglieder in 2 andere Reihenfolgen und schreibe die Sätze so auf.*

____

____

Der obere Satz besteht aus diesen 3 Satzgliedern: Subjekt, Prädikat und Objekt. Jedes Satzglied kann man im Satz umstellen. Innerhalb der Satzglieder darf man aber die Reihenfolge der Wörter nicht ändern.

Ich	**lerne**	**die deutsche Sprache.**
Subjekt	Prädikat	Objekt

Frage nach dem **<u>Subjekt</u>**: **<u>Wer oder was</u>** lernt die deutsche Sprache? Antwort: ich

Frage nach dem **<u>Prädikat</u>**: **<u>Was tue</u>** ich? Antwort: lerne

Frage nach dem **<u>Objekt</u>**: **<u>Wen oder was</u>** lerne ich? Antwort: die deutsche Sprache

Wir verlängern den vorherigen Satz: Der neue Satz besteht nun aus 8 Wörtern und 4 Satzgliedern. Als weiteres Satzglied ist eine **<u>adverbiale Bestimmung</u>** (= Umstandsbestimmung des Ortes) hinzugekommen.

Frage nach der **<u>adverbialen Bestimmung</u>**: **<u>Wo</u>** lerne ich die deutsche Sprache?
Antwort: in der Schule

Ich	**lerne**	**die deutsche Sprache**	**in der Schule.**
Subjekt	Prädikat	Objekt	adverbiale Bestimmung

<u>Aufgabe 2</u>: *Die Satzglieder lassen sich im Satz umstellen. Stelle die 4 Satzglieder des langen Satzes um. Das heißt: Bringe die 4 Satzglieder in 3 andere Reihenfolgen und schreibe die Sätze so auf.*

____

____

____

So lerne ich Deutsch ... immer mehr! / Band 3
Vielseitige Übungseinheiten zur Stärkung der Alltagskommunikation – Bestell-Nr. 13 118

Das Subjekt

Das **Subjekt** ist ein Satzglied. Es kann sich aus einem oder mehreren Wörtern zusammensetzen. Oft ist das Subjekt ein **Nomen** oder ein **Pronomen**.

Das Subjekt gibt im Satz die Antwort auf die Frage: „**Wer oder was** ...?"
Bei Personen fragt man: „**Wer** ...?" Bei Sachen fragt man: „**Was** ...?"
Immer steht das Subjekt im **Nominativ** (= 1. Fall).

Beispiele:

- Der Bus kommt heute pünktlich.
  Frage: **Wer oder was** kommt heute pünktlich? Antwort: der Bus (= **Subjekt**)
- Gestern kam er zu spät.
  Frage: **Wer oder was** kam gestern zu spät? Antwort: er (= **Subjekt**)
- Mir macht Sport viel Spaß.
  Frage: **Wer oder was** macht mir viel Spaß? Antwort: Sport (= **Subjekt**)

Aufgabe: *Wie heißen in den folgenden Sätzen die Subjekte? Unterstreiche in den Sätzen die Subjekte. Schreibe die Fragen nach den Subjekten auf.*

1. Das Mädchen hat Geburtstag.

   ____

2. Der kleine Bruder heißt Ahmet.

   ____

3. Windig und kalt ist das Wetter.

   ____

4. Auf der Straße ereignete sich ein Unfall.

   ____

5. Auf dem Tisch gab es Essen und Getränke.

   ____

6. Zwei Katzen sowie ein Hund gehören der Familie.

   ____

7. Nicht einfach ist die deutsche Sprache.

   ____

8. Im Klassenraum wurde eine Jacke vergessen.

   ____

Das Prädikat

Zum Satzglied **Prädikat** gehört immer ein **Verb**. Das Verb kann aus einem oder mehreren Teilen bestehen. Im Prädikat können auch andere Wortarten enthalten sein. Das Prädikat kann im Satz durch andere Satzglieder unterbrochen sein.

Das Prädikat gibt im Satz die Antwort auf die Fragen: „**Was tut** **(das Subjekt)** ...?" oder „**Was ist** **(mit dem Subjekt) ...** **passiert**?"

Beispiele:

- Die Lehrerin fragt die Schüler.
  Frage: **Was tut** die Lehrerin? Antwort: fragt (= **Prädikat**)
- Die Schüler schreiben eine Geschichte auf.
  Frage: **Was tun** die Schüler? Antwort: schreiben auf (= **Prädikat**)
- Drei Schüler der Klasse sind heute krank.
  Frage: **Was ist** mit drei Schülern **passiert**? Antwort: sind krank (= **Prädikat**)

Aufgabe: *Wie heißen in den folgenden Sätzen die Prädikate? Unterstreiche in den Sätzen die Prädikate. Schreibe die Fragen nach den Prädikaten auf.*

1. Viele Leute kaufen in Supermärkten.

2. Wir warten auf den Bus.

3. Sie haben das Spiel verloren.

4. Gestern war das Wetter schön.

5. Ich bin zu Hause geblieben.

6. Die Familie möchte in den Ferien verreisen.

7. Der Autofahrer raste und hupte mehrmals.

8. Von der Polizei wurde der Autofahrer gestoppt.

So lerne ich Deutsch ... immer mehr! / Band 3
Vielseitige Übungseinheiten zur Stärkung der Alltagskommunikation – Bestell-Nr. 13 118

Das Objekt

Das **Objekt** ergänzt im Satz Aussagen. Im Satz können mehrere Objekte vorkommen. Es gibt verschiedene Arten von Objekten.

Das **Akkusativ-Objekt** steht im 4. Fall (= Akkusativ). Das Akkusativ-Objekt gibt die Antwort auf die Frage: „**Wen oder was** ...?"

- Beispiel: Die Zuschauer sehen ein spannendes Fußballspiel.

  Frage: **Wen oder was** sehen die Zuschauer?
  Antwort: ein spannendes Fußballspiel (= **Akkusativ-Objekt**)

Das **Dativ-Objekt** steht im 3. Fall (= Dativ). Das Dativ-Objekt gibt die Antwort auf die Frage: „**Wem** ...?"

- Beispiel: Dem Hund geht es wieder gut.

  Frage: **Wem** geht es wieder gut?
  Antwort: dem Hund (= **Dativ-Objekt**)

Das **Genitiv-Objekt** steht im 2. Fall (= Genitiv). Das Genitiv-Objekt gibt die Antwort auf die Frage: „**Wessen** ...?"

- Beispiel: Der Mann wird des Diebstahls verdächtigt.

  Frage: **Wessen** wird der Mann verdächtigt?
  Antwort: des Diebstahls (= **Genitiv-Objekt**)

Objekte können mit einer **Präposition** (z. B. an, auf ...) anfangen. In diesem Fall stellt man die Frage nach dem Objekt beginnend mit der jeweiligen Präposition.

- Beispiel: Wir denken an euch.

  Frage: **An wen oder was** denken wir?
  Antwort: an euch (= **Präposition + Akkusativ-Objekt**)

So lerne ich Deutsch ... immer mehr! / Band 3
KOHL VERLAG

Das Objekt

<u>Aufgabe</u>: *Wie heißen in den folgenden Sätzen die Objekte? Unterstreiche in den Sätzen die Objekte. Schreibe die Fragen nach den Objekten auf. Achte auch auf Präpositionen.*

<u>Hinweis</u>: In einem der Sätze kommen zugleich ein Dativ-Objekt und ein Akkusativ-Objekt vor.

1. Kinder essen Pizza gern.

2. Die Schüler sehen einen Film.

3. Den Schülern gefällt der Film.

4. Die Spieler hören ihrem Trainer zu.

5. Sein Fahrrad repariert der Junge selbst.

6. Der alte Mann erfreut sich guter Gesundheit.

7. Auf den Ausflug freuen sich alle.

8. Der Vater glaubt seinem Sohn die Aussage nicht.

KOHL VERLAG So lerne ich Deutsch ... immer mehr! / Band 3
Vielseitige Übungseinheiten zur Stärkung der Alltagskommunikation – Bestell-Nr. 13 118

Die adverbiale Bestimmung

Die **adverbiale Bestimmung** erklärt genauer: Ereignisse, Zustände, Vorgänge. Man unterscheidet verschiedene Arten von adverbialen Bestimmungen.

Die vier wichtigsten adverbialen Bestimmungen sind:

Die **adverbiale Bestimmung des Ortes:**
Sie gibt die Antwort auf die Fragen: „**Wo** ...?“, „**Wohin** ...?“, „**Woher** ...?“

- Beispiel: Die Familie wohnt in Berlin.

  Frage: **Wo** wohnt die Familie?
  Antwort: in Berlin

Die **adverbiale Bestimmung der Zeit:**
Sie gibt die Antwort auf die Fragen: „**Wann** ...?“, „**Wie lange** ...?“, „**Seit wann** ...?“

- Beispiel: Gestern kamen zwei Schüler zu spät.

  Frage: **Wann** kamen zwei Schüler zu spät?
  Antwort: gestern

Die **adverbiale Bestimmung des Grundes:**
Sie gibt die Antwort auf die Fragen: „**Weshalb** ...?“, „**Warum** ...?“, „**Wieso** ...?“

- Beispiel: Wegen Krankheit fehlt ein Lehrer.

  Frage: **Weshalb** fehlt ein Lehrer?
  Antwort: wegen Krankheit

Die **adverbiale Bestimmung der Art und Weise:**
Sie gibt die Antwort auf die Fragen: „**Wie** ...?“, „**Auf welche Weise** ...?“

- Beispiel: Die Schülerin lernt sehr gründlich.

  Frage: **Wie** lernt die Schülerin?
  Antwort: sehr gründlich

Die adverbiale Bestimmung

__Aufgabe:__ *Wie heißen in den folgenden Sätzen die adverbialen Bestimmungen? Unterstreiche in den Sätzen die adverbialen Bestimmungen. Schreibe die Fragen nach den adverbialen Bestimmungen auf.*

1. Aus Syrien stammt die Familie.

   ____

2. Der Junge lernt Deutsch seit einem Jahr.

   ____

3. Am Wochenende besuchen wir einen Onkel.

   ____

4. Einige Schüler treffen sich im Bahnhof.

   ____

5. Aus Langeweile gucken die Kinder Fernsehen.

   ____

6. Das Fußballspiel fällt aus aufgrund von Regen.

   ____

7. Der Mann ärgerte sich und schlug wütend die Tür zu.

   ____

8. Hungrig wie ein Wolf begann er zu essen.

   ____

KOHL VERLAG
So lerne ich Deutsch ... immer mehr! / Band 3
Vielseitige Übungseinheiten zur Stärkung der Alltagskommunikation – Bestell-Nr. 13 118

Satzglieder benennen

Aufgabe: *Gib zu jedem der 7 Sätze die Namen aller Satzglieder an.*

1. In seiner Wohnung | besaß | ein Lehrer | zwei Papageien.

2. Charlie und Emma | konnten knurren, sprechen ...

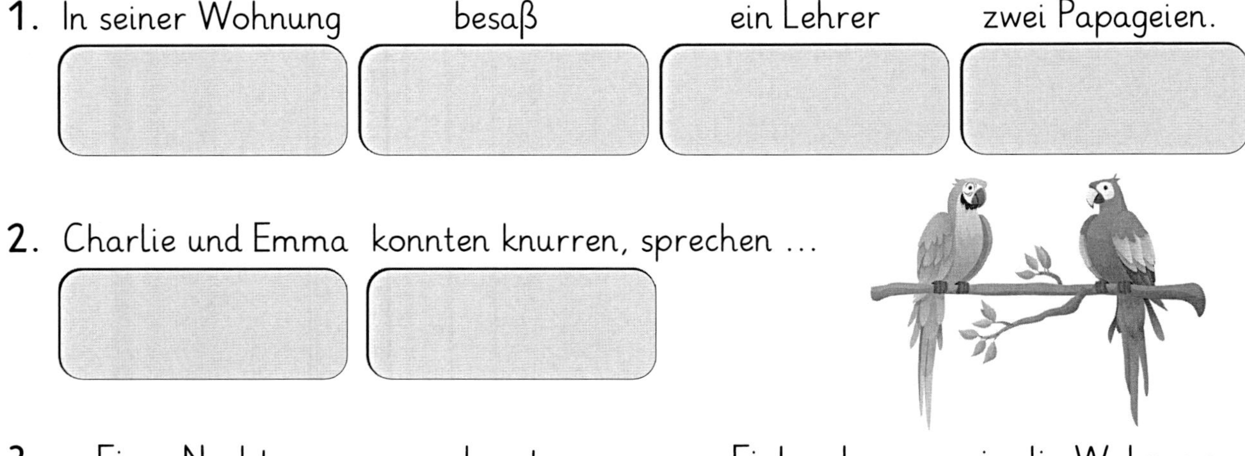

3. Eines Nachts | gelangten | Einbrecher | in die Wohnung.

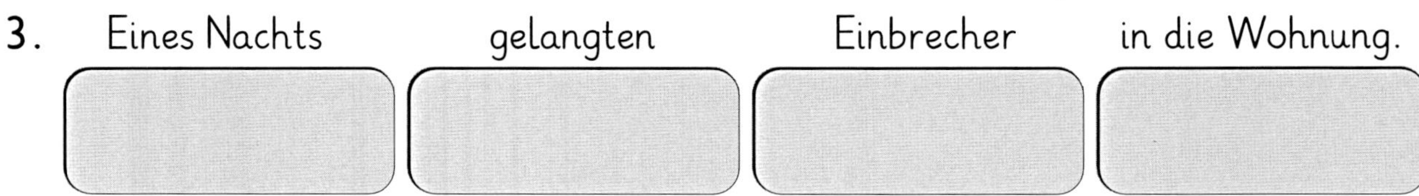

4. Die beiden Tiere | begannen zu knurren, schreien ...

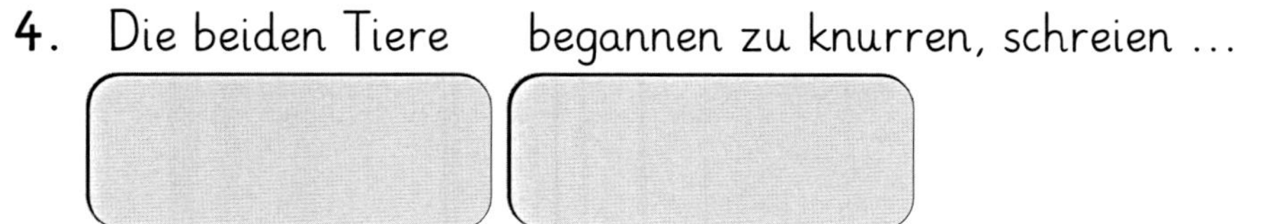

5. Dies | überraschte | die Einbrecher.

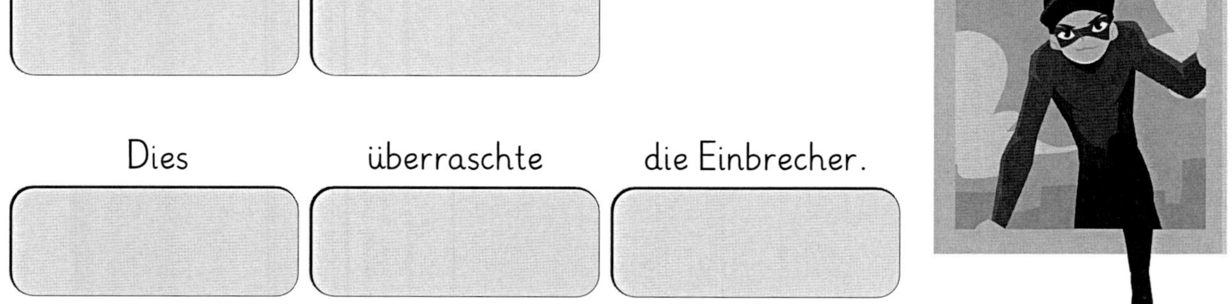

6. Sie | flüchteten | ohne Beute | aus der Wohnung.

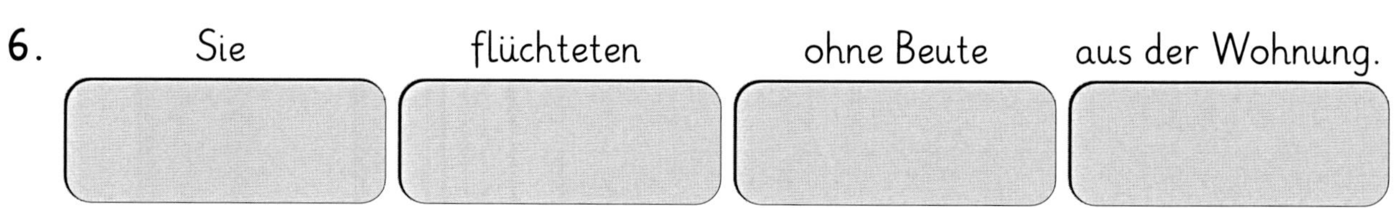

7. Erst am nächsten Morgen | bemerkte | der Lehrer | den Einbruch.

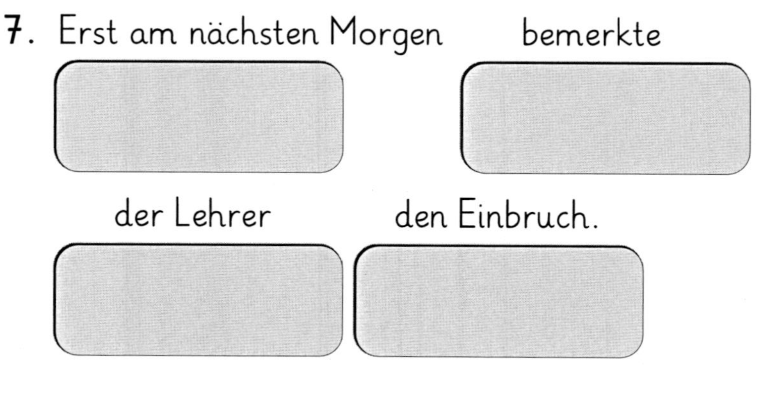

KOHL VERLAG
So lerne ich Deutsch ... immer mehr! / Band 3
Vielseitige Übungseinheiten zur Stärkung der Alltagskommunikation – Bestell-Nr. 12 118

Teste dich – was kannst du? (II)

Aufgabe 1: *In welchem Fall stehen die Subjekte? (1., 2., 3. oder 4. Fall?)*

____

Aufgabe 2: *Mit welchen Fragewörtern fragt man nach Subjekten in Sätzen?*

____

Aufgabe 3: *Schreibe die Subjekte der folgenden Sätze jeweils dahinter.*

a) Die Sonne scheint. __________________________

b) Vorsichtig läuft eine Katze über die Straße. __________________________

c) Vor dem Haus steht ein großer Baum. __________________________

Aufgabe 4: *Wie fragt man nach Prädikaten in Sätzen?*

____

____

Aufgabe 5: *Schreibe die Prädikate der folgenden Sätze jeweils dahinter.*

a) Der Unterricht beginnt um 08:00 Uhr. __________________________

b) Der Spieler ist verletzt. __________________________

c) Am Wochenende haben wir einen Ausflug gemacht.

____

Aufgabe 6: *In welchem Fall stehen ...*

a) Akkusativ-Objekte __________________________?

b) Dativ-Objekte ______________________________?

c) Genitiv-Objekte ____________________________?

KOHL VERLAG So lerne ich Deutsch ... immer mehr! / Band 3 Vielseitige Übungseinheiten zur Stärkung der Alltagskommunikation – Bestell-Nr. 13 118

Teste dich – was kannst du? (II)

Aufgabe 7: *Mit welchen Fragewörtern fragt man jeweils nach den Objekten?*

a) Akkusativ-Objekte ______________________

b) Dativ-Objekte ______________________

c) Genitiv-Objekte ______________________

Aufgabe 8: *Schreibe die Objekte der folgenden Sätze jeweils dahinter.*

a) Der Junge besuchte seine Freundin. ______________________

b) Dem Nachbarn gehört ein Hund. ______________________

c) Die Lehrerin gibt den Schülern Bücher. ______________________

d) Den Mann beschuldigt die Polizei des Diebstahls.

____

Aufgabe 9: *Welche Fragewörter fragen nach adverbialen Bestimmungen …*

a) des Ortes? ______________________

b) der Zeit? ______________________

c) des Grundes? ______________________

d) der Art und Weise? ______________________

Aufgabe 10: *Schreibe die adverbialen Bestimmungen jeweils dahinter.*

a) Das Mädchen ist in Syrien geboren. ______________________

b) Seit einem Jahr lebt der Junge in Deutschland.

____

c) Wegen Krankheit fehlte die Lehrerin gestern. ______________________

d) Noch sehr müde stand ich auf und duschte dann.

____

Aufgabe 11: *Schreibe die Namen der Satzglieder darunter.*

Uns	wehte	der Wind	heftig	entgegen.

Erreichte Punktzahl: ______________________ Note: ______________________

KOHL VERLAG
So lerne ich Deutsch ... immer mehr! / Band 3

Ein Gespräch zwischen zwei Bekannten

Aufgabe: *Lies das Gespräch.*

Zwei Bekannte treffen sich zufällig unterwegs.

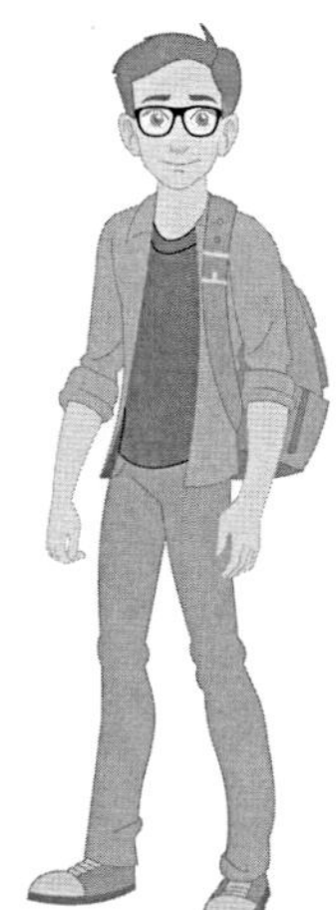

Ahmet | **Marius**

1. Hallo!

2. Grüß dich!

3. Wo kommst du denn her?

4. Ich bin bei einem Arzt gewesen.

5. Warum das denn?

6. Beim Fußball habe ich mich am rechten Bein verletzt.

7. Geht es dir schon besser?

8. Ja, aber der Arzt hat gesagt: Ich soll mich schonen.

10. Ich muss ein paar Lebensmittel einkaufen.

9. Wohin willst du?

12. Im Supermarkt!

11. Wo kaufst du ein?

14. Ich bin ganz zufrieden.

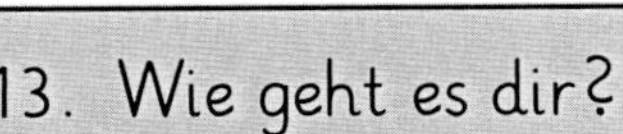

13. Wie geht es dir?

16. Ich muss mich leider beeilen, denn ich muss ja noch einkaufen.

15. Auch mir geht es zum Glück nicht schlecht.

17. Das verstehe ich.

19. Was hältst du davon, wenn wir mal etwas gemeinsam unternehmen?

18. Ich möchte schnell nach Hause.

20. Das ist eine gute Idee. Lass uns miteinander telefonieren.

So lerne ich Deutsch ... immer mehr! / Band 3
Vielseitige Übungseinheiten zur Stärkung der Alltagskommunikation – Bestell-Nr. 13 118
KOHL VERLAG

Ein Gespräch zwischen zwei Bekannten

Aufgabe 1: *Du hast die vorherige Seite gelesen. Kreuze an: Welche Aussagen sind richtig? Welche Aussagen sind falsch?*

		Richtig	Falsch
1.	Zwei Verwandte treffen sich wie verabredet.		
2.	Ahmet und Marius begrüßen sich.		
3.	Marius ist bei einem Arzt gewesen.		
4.	Beim Fußball hat sich Marius am Arm verletzt.		
5.	Inzwischen geht es Marius aber besser.		
6.	Ahmet hat in einem Supermarkt eingekauft.		
7.	Nun hat Ahmet viel Zeit.		
8.	Zum Schluss verabreden sie, miteinander zu telefonieren.		

Aufgabe 2: *Verbessere nun schriftlich die falschen Aussagen.*

____

____

____

____

____

____

Ein Gespräch beim Arzt

Aufgabe: *Setze die folgenden 10 Wörter in die Lücken des Textes ein.*

Abend • Gute • helfen • Hilfe • kommen • Medizin • schlimm • Schmerzen • schön • vorgestern

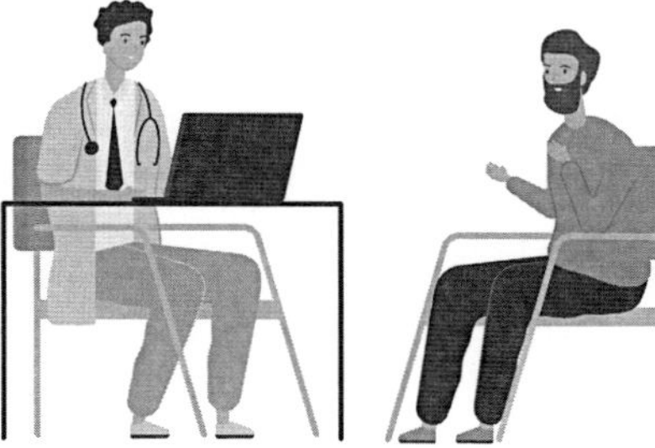

Arzt | **Patient**

1. Bitte ____________ Sie herein!

2. Ja!

3. Guten Tag!

4. Guten Tag!

5. Nehmen Sie Platz!

6. Danke ____________ !

7. Wie kann ich Ihnen ____________ ?

8. Ich habe __________________ im Hals!

9. Seit wann haben Sie die Schmerzen?

10. Seit _______________ !

Der Arzt untersucht den Patienten. Danach:

11. Das ist nicht so _______________ .

12. Dann bin ich ja beruhigt.

13. Ich verschreibe Ihnen Medizin zum Einnehmen.

14. Wie oft muss ich die ____________ einnehmen?

15. Täglich am Morgen, Mittag und ____________ .

16. Ich werde mich daran halten.

17. Es wird Ihnen bald besser gehen.

18. Vielen Dank für Ihre __________ !

19. Alles ________ !

20. Das wünsche ich Ihnen auch.

KOHL VERLAG So lerne ich Deutsch ... immer mehr! / Band 3 Vielseitige Übungseinheiten zur Stärkung der Alltagskommunikation – Bestell-Nr. 13 118

Ein Gespräch beim Bäcker

Aufgabe: *Lies das Gespräch.*

Verkäuferin	**Kundin**
1. Guten Morgen!	2. Hallo!
3. Was kann ich für Sie tun?	4. Ich möchte 5 Brötchen.
5. Welche Brötchen sollen es sein?	6. Geben Sie mir bitte 5 Brötchen aus Vollkorn.
7. Möchten Sie sonst noch etwas haben?	8. Ja, 2 Stücke Kuchen.
9. Welche Sorte?	10. 1 Stück Apfelkuchen und ein Stück Käsekuchen.
11. Haben sie noch einen Wunsch?	12. Ich hätte noch gern ein kleines Schwarzbrot.
13. Wie wäre es mit diesem Schwarzbrot?	14. Ich nehme dieses Schwarzbrot.
15. Darf es sonst noch etwas sein?	16. Nein, das ist alles.
17. Dann bekomme ich von Ihnen insgesamt 13,10 €.	18. Bitte schön, hier ist das Geld.
19. Ich wünsche Ihnen einen schönen Tag.	20. Dankeschön! Auch ich wünsche Ihnen einen schönen Tag.

Ein Gespräch beim Bäcker

<u>Aufgabe</u>: *Beantworte die Fragen in ganzen Sätzen.*

1. Wo kauft die Kundin ein?

 ____

2. Was sagt die Kundin zur Begrüßung?

 ____

3. Was wünscht die Kundin zuerst?

 ____

4. Welche Brötchen möchte die Kundin haben?

 ____

5. Wie viele Stücke Kuchen kauft die Kundin?

 ____

6. Welche Kuchenstücke sollen es sein?

 ____

7. Welches Brot kauft die Kundin?

 ____

8. Wie viel Geld muss die Kundin bezahlen?

 ____

9. Was wünscht die Verkäuferin der Kundin?

 ____

10. Was wünscht die Kundin der Verkäuferin?

 ____

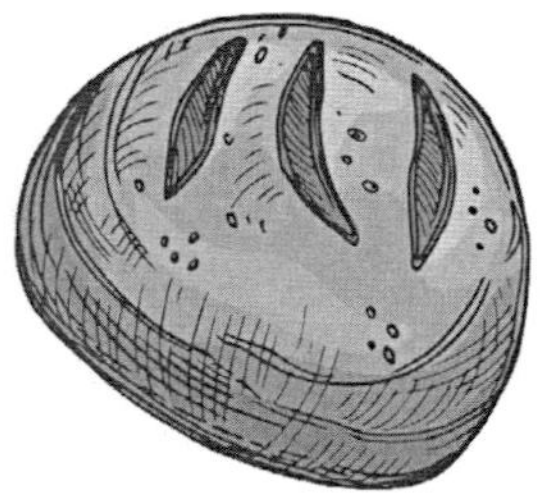

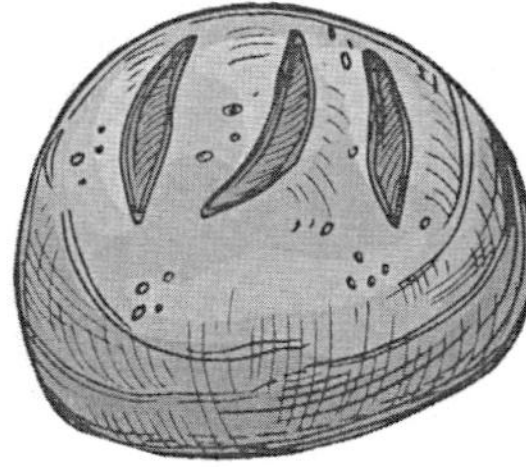

KOHL VERLAG So lerne ich Deutsch ... immer mehr! / Band 3 Vielseitige Übungseinheiten zur Stärkung der Alltagskommunikation – Bestell-Nr. 13 118

Amira und Nicole

Aufgabe: *Lies das Gespräch.*

Amira telefoniert mit ihrer Freundin Nicole.

Amira	Nicole
1. Hi Nicole!	2. Hi Amira!
3. Was machst du gerade?	4. Ich helfe meiner Mutter in der Küche.
6. Ich höre Musik in meinem Zimmer.	5. Und was tust du?
7. Hast du schon etwas morgen am Samstag vor?	8. Nein, bisher nicht!
9. Wir könnten gemeinsam etwas unternehmen.	10. Ja, das ist ein guter Vorschlag.
12. Das finde ich gut.	11. Was hältst du davon, ins Schwimmbad zu gehen?
13. Danach könnten wir noch in der Stadt bummeln.	14. Das ist möglich.
15. Lass uns um 13:00 Uhr vor dem Schwimmbad treffen.	16. Okay!
17. Ich freue mich auf morgen.	18. Ich auch!
20. Tschüss!	19. Bis dann!

KOHL VERLAG
So lerne ich Deutsch ... immer mehr! / Band 3

Ein Gespräch mit einer Freundin oder einem Freund

Aufgabe: *Du telefonierst mit einer Freundin oder einem Freund. Überlege dir zusammen mit einem anderen Schüler ein Gespräch am Telefon.*

Was sagst du?	Was sagt die Freundin oder der Freund?

KOHL VERLAG So lerne ich Deutsch ... immer mehr! / Band 3 Vielseitige Übungseinheiten zur Stärkung der Alltagskommunikation – Bestell-Nr. 13 118

Was sagst du in der Schule?

Aufgabe: *Du führst ein Gespräch mit deinem Lehrer oder deiner Lehrerin. Dir werden Fragen gestellt und du antwortest darauf. Oder du stellst Fragen und dir wird geantwortet. Schreibe in deutscher Sprache Beispiele in den Sprechblasen auf.*

Was sagst du?	Was sagt der Lehrer oder die Lehrerin?

KOHL VERLAG Lernen mit Erfolg
So lerne ich Deutsch ... immer mehr! / Band 3

Was sagst du in deutscher Sprache?

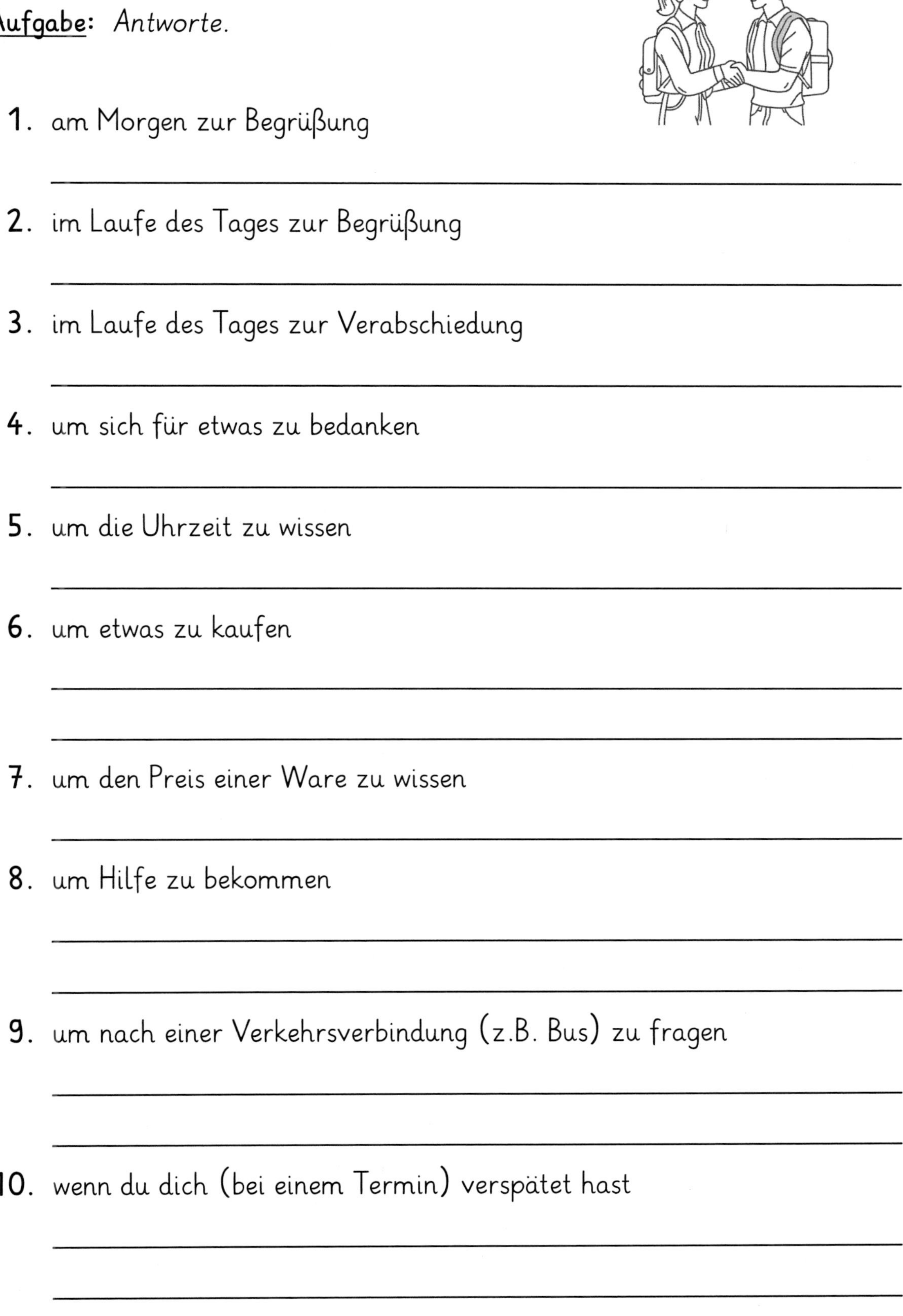

Aufgabe: *Antworte.*

1. am Morgen zur Begrüßung

2. im Laufe des Tages zur Begrüßung

3. im Laufe des Tages zur Verabschiedung

4. um sich für etwas zu bedanken

5. um die Uhrzeit zu wissen

6. um etwas zu kaufen

7. um den Preis einer Ware zu wissen

8. um Hilfe zu bekommen

9. um nach einer Verkehrsverbindung (z.B. Bus) zu fragen

10. wenn du dich (bei einem Termin) verspätet hast

KOHL VERLAG So lerne ich Deutsch ... immer mehr! / Band 3 – Bestell-Nr. 13 118
Vielseitige Übungseinheiten zur Stärkung der Alltagskommunikation

Einfache Sätze

1. Sprich und schreibe einfache Sätze!
2. Einfache Sätze sind Hauptsätze und kurz.
3. Sie sollten aus höchstens 12 bis 15 Wörtern bestehen.
4. Zu empfehlen sind eher Sätze mit weniger Wörtern.
5. Kurze Sätze sind (viel) besser zu verstehen als lange Sätze.
6. Zu jedem Satz gehören mindestens die Satzglieder (= Satzteile) Subjekt und Prädikat.
7. Hinzu können als Satzglieder Objekte und/oder adverbiale Bestimmungen kommen.
8. In Sätzen lassen sich die Satzglieder umstellen.
9. Versuche, Sätze unterschiedlich zu beginnen.
10. Vermeide Nebensätze. Durch Nebensätze werden Sätze oft zu lang.

Vorbemerkungen zum Satzbau

Einfache Sätze sind oft so aufgebaut: Das Subjekt steht an erster Stelle. Danach kommt das Prädikat. Dann folgt ein Objekt, vielleicht noch eine adverbiale Bestimmung.

Die Klasse	machte	einen Ausflug	in den Zoo.
Subjekt	Prädikat	Objekt	adverbiale Bestimmung

Aber auch andere Reihenfolgen der Satzglieder sind möglich. Man setzt an den Satzanfang das Satzglied, das hervorgehoben werden soll.

In den Zoo	machte	die Klasse	einen Ausflug.
adverbiale Bestimmung	Prädikat	Subjekt	Objekt

In Aussagesätzen steht das Prädikat gewöhnlich an zweiter Stelle der Satzglieder.

Die Klasse	machte	in den Zoo	einen Ausflug.
Subjekt	Prädikat	adverbiale Bestimmung	Objekt

Satzbau – Der hungrige Hund

<u>Aufgabe</u>: *Bringe die Satzglieder der Sätze in die richtige Reihenfolge. Das erste Wort der Sätze schreibt man immer groß. Am Satzende muss ein Punkt stehen.*

<u>Der hungrige Hund</u>

1. brauchte – eine Familie – Geld – In den USA

   ____

2. zu seiner Bank – Der Ehemann – fuhr

   ____

3. Geld – Er – von der Bank – holte

   ____

4. auf einen Tisch – zuhause – legte – Das Geld – der Mann

   ____

5. fand – das Geld – Der Hund der Familie

   ____

6. am Geld – Das Tier – schnupperte

   ____

7. der Hund – die meisten Geldscheine – fraß – Dann

   ____

8. den Hund – Die Familie – zum Tierarzt – brachte

   ____

9. schadete nicht – Das Fressen der Geldscheine – dem Hund

   ____

10. waren weg – über 4000 Dollar – Aber

    ____

So lerne ich Deutsch ... immer mehr! / Band 3
Vielseitige Übungseinheiten zur Stärkung der Alltagskommunikation – Bestell-Nr. 13 118

Satzbau – Der Klimawandel

Aufgabe: *Bilde jeweils aus den angegebenen Wörtern verständliche Sätze. Das erste Wort der Sätze schreibt man immer groß. Am Satzende steht ein Punkt.*

Der Klimawandel

1. gibt – Auf – es – Erde – der – den – Klimawandel

2. immer – es – geworden – ist – Dadurch – wärmer

3. sind – die – verantwortlich – Menschen – Dafür

4. Schuld – sie – durch – Abgase – daran – sind – Autos, Fabriken ... – aus

5. holzten ... ab – oder – verbrannten – Wälder – sehr – viele – Menschen

6. in – Treibhausgase – wie z.B. Kohlendioxid – die Luft – gelangten – So

7. erwärmten – stark – Erde – die – Die Treibhausgase

8. brauchen – Wir – die – Natur – Menschen

9. die Natur – Aber – nicht – braucht – die Menschen.

10. schützen – Die Menschen – die Natur – müssen

KOHL VERLAG
So lerne ich Deutsch ... immer mehr! / Band 3

Satzanfänge und Satzenden verbinden

Aufgabe: *Ergänze jeweils das richtige Satzende aus dem unteren Kasten.*

Der Stau

1. Nach dem Regen sind ______________________________
2. Auf der Hauptstraße ______________________________
3. Sie kommen nur ______________________________
4. Fußgänger gehen oder ______________________________
5. Plötzlich kommt ein ______________________________
6. Andere Autos müssen ______________________________
7. Dabei fahren ______________________________
8. An den Autos ______________________________
9. Doch keine Person ______________________________
10. Langsam löst sich ______________________________

der Stau auf.
die Straßen nass.
entstehen Blechschäden.
langsam voran.
laufen über die Straße.
Platz machen.
Polizeiwagen mit Blaulicht.
stehen viele Autos im Stau.
wird verletzt.
zwei Autos gegeneinander.

KOHL VERLAG
So lerne ich Deutsch ... immer mehr! / Band 3
Vielseitige Übungseinheiten zur Stärkung der Alltagskommunikation – Bestell-Nr. 13 118

Wort für den Satzanfang finden

Aufgabe 1: *In den 10 Sätzen fehlt das erste Wort. Setze die folgenden Wörter an den richtigen Stellen in die Lücken ein.*

Am • Deshalb • Einige • Hallo • Ich • Manchmal • Mein • Nach • Vor • Zusammen

Eine Katze erzählt

1. ______________ liebe Leute!
2. ______________ bin Blacky.
3. ______________ Fell ist fast überall schwarz. (black (englisch) = schwarz)
4. ______________ heiße ich so.
5. ______________ Stellen des Fells sind aber weiß.
6. ______________ mit meiner Mutter Lina lebe ich bei einer Familie in Hamburg.
7. ______________ allem fresse ich Fleisch und Fisch.
8. ______________ Tag schlafe ich viel.
9. ______________ dem Schlafen spaziere ich oft durch die Gärten.
10. ______________ klettere ich auf Bäume.

Aufgabe 2: *Was kannst du nun über Blacky sagen? Schreibe kurze Sätze auf. Du kannst so beginnen:* **Blacky ist ...**

So lerne ich Deutsch ... immer mehr! / Band 3
KOHL VERLAG

Satzanfänge fortsetzen

<u>Aufgabe 1</u>: *Was tust du gewöhnlich an einem Tag? Schreibe 10 kurze Sätze auf. Der Anfang jedes Satzes ist vorgegeben.*

<u>An einem Tag</u>

1. Am Morgen ______________________________
2. Dann ______________________________
3. Danach ______________________________
4. Am Mittag ______________________________
5. Anschließend ______________________________
6. Am Nachmittag ______________________________
7. Später ______________________________
8. Nachher ______________________________
9. Am Abend ______________________________
10. Schließlich ______________________________

<u>Aufgabe 2</u>: *Übersetze die Überschrift und die 10 Sätze in deine Sprache.*

____
(Überschrift)

1. ______________________________
2. ______________________________
3. ______________________________
4. ______________________________
5. ______________________________
6. ______________________________
7. ______________________________
8. ______________________________
9. ______________________________
10. ______________________________

KOHL VERLAG
So lerne ich Deutsch ... immer mehr! / Band 3
Vielseitige Übungseinheiten zur Stärkung der Alltagskommunikation – Bestell-Nr. 13 118

Ein Bild aus der Natur

Aufgabe: *Versuche zu beschreiben: Was ist auf dem Bild zu sehen? Schreibe kurze Sätze.*

So lerne ich Deutsch ... immer mehr! / Band 3
KOHL VERLAG

Eine kurze Bildergeschichte

Aufgabe: *Schaue dir genau die 4 Bilder an. Beschreibe in kurzen Sätzen: Was passiert? Schreibe in der Zeitform Präsens.*

Die Suche nach dem Schlüssel

Aufgabe 1: *Bringe die Sätze in die richtige Reihenfolge. Schreibe vor die 11 Sätze die Zahlen von 1 bis 11. Die Zahlen sollen die richtige Reihenfolge der Sätzen angeben.*

	Dort guckte die Frau Fernsehen.
	Sie fand den Schlüssel aber nicht.
	Mit dem Schlüssel öffnete die Frau die Haustür.
	Eine Frau ging spazieren.
	Der Schlüssel steckte noch draußen im Türschloss.
	Deshalb suchte sie den Haustürschlüssel.
	Die Frau steckte den Schlüssel der Haustür in das Türschloss.
	Zum Glück entdeckte ihn der Ehemann.
	Nach dem Spaziergang kam sie zurück nach Hause.
	Dann betrat die Frau das Haus und setzte sich ins Wohnzimmer.
	Später wollte die Frau wieder nach draußen.

Aufgabe 2: *Schreibe die 11 Sätze nun in der richtigen Reihenfolge auf.*

Die Freizeit

Das Gegenteil von Arbeit und Schule ist die Freizeit. In der heutigen Zeit haben die meisten Menschen mehr Freizeit als früher. Auch gibt es viel mehr verschiedene Möglichkeiten, die freie Zeit zu verbringen.

Man kann zum Beispiel:

- Sport treiben,
- Musik hören,
- Fernsehen gucken,
- am Computer spielen,
- ins Kino gehen,
- Freunde treffen,
- und vieles andere mehr.

Aufgabe: *Wie verbringst du deine Freizeit? Was machst du (sehr) oft? Was tust du manchmal? Hast du ein oder sogar mehrere Hobbys? Berichte darüber. Schreibe kurze Sätze.*

So lerne ich Deutsch ... immer mehr! / Band 3
Vielseitige Übungseinheiten zur Stärkung der Alltagskommunikation – Bestell-Nr. 13 118

Berichte fortsetzen / schreiben

Eine Geschichte

Eine Engländerin entdeckte etwas Rundes auf dem Boden.
Die Frau hielt das Runde für einen hilflosen jungen Igel.
Deshalb nahm die Frau das Runde mit nach Hause.
Dort legte die Frau das Runde in einen Karton.
Hinzu stellte sie Katzenfutter.
Am nächsten Tag bewegte sich das Runde immer noch nicht.
Darum brachte die Engländerin ihren Fund zu einer Tierärztin.
...

Aufgabe 1: *Wie endet wohl die Geschichte? Schreibe das Ende der Geschichte auf.*

Aufgabe 2: *Berichte über ein Erlebnis, das dir passiert ist. Schreibe den Text in der Zeitform Präteritum auf.*

So lerne ich Deutsch ... immer mehr! / Band 3
KOHL VERLAG

Lösungen

Seite 7: Aufgabe: individuelle Lösungen

Seite 10: Aufgabe: individuelle Lösungen

Seite 11: Aufgabe: individuelle Lösungen

Seite 12: Aufgabe 1:

		lernen	spielen	bauen	zeigen
ich	-e	lernte	spielte	baute	zeigte
du	-st	lerntest	spieltest	bautest	zeigtest
er/sie/es	-t	lernte	spielte	baute	zeigte
wir	-en	lernten	spielten	bauten	zeigten
ihr	-t	lerntet	spieltet	bautet	zeigtet
sie	-en	lernten	spielten	bauten	zeigten

Seite 13: Aufgabe 2:

		melden	antworten	atmen	zeichnen
ich	-e	meldete	antwortete	atmete	zeichnete
du	-st	meldetest	antwortetest	atmetest	zeichnetest
er/sie/es	-t	meldete	antwortete	atmete	zeichnete
wir	-en	meldeten	antworteten	atmeten	zeichneten
ihr	-t	meldetet	antwortetet	atmetet	zeichnetet
sie	-en	meldeten	antworteten	atmeten	zeichneten

Seite 15: Aufgabe 1:

	lesen	schreiben	kommen	fliegen	denken	wissen
ich	las	schrieb	kam	flog	dachte	wusste
du	last	schriebst	kamst	flogst	dachtest	wusstest
er/sie/es	las	schrieb	kam	flog	dachte	wusste
wir	lasen	schrieben	kamen	flogen	dachten	wussten
ihr	last	schriebt	kamt	flogt	dachtet	wusstet
sie	lasen	schrieben	kamen	flogen	dachten	wussten

Aufgabe 2: individuelle Lösungen

Seite 16: Aufgabe: beginnen, bleiben, bringen, essen, finden, fallen, geben, gehen, gewinnen, laufen, kommen, lassen, helfen, liegen, nehmen, rufen, schlafen, sehen, sitzen, sprechen, stehen, trinken, vergessen, verlieren, ziehen

Seite 17: Aufgabe: 1. zieht an – zog an; 2. legt – legte; 3. vergisst – vergaß; 4. fährt – fuhr; 5. fliegt – flog; 6. sieht – sah; 7. ruft an – rief an; 8. finden – fanden; 9. sammeln ein – sammelten ein; 10. geben zurück – gaben zurück

Seite 18: Aufgabe 1: individuelle Lösungen

Aufgabe 2: 1. wird; 2. wird; 3. werden

Seite 19: Aufgabe 1: individuelle Lösungen

Aufgabe 2: individuelle Lösungen

Seite 20: Aufgabe:

	Aktiv im Präsens	Passiv im Präsens
ich	lobe	werde gelobt
du	lobst	wirst gelobt
er/sie/es	lobt	wird gelobt
wir	loben	werden gelobt
ihr	lobt	werdet gelobt
sie	loben	werden gelobt

Seite 21: Aufgabe:

a)	Aktiv im Präteritum	Passiv im Präteritum
ich	schickte	wurde geschickt
du	schicktest	wurdest geschickt
er/sie/es	schickte	wurde geschickt

b)	Aktiv im Präteritum	Passiv im Präteritum
wir	sahen	wurden gesehen
ihr	saht	wurdet gesehen
sie	sahen	wurden gesehen

So lerne ich Deutsch ... immer mehr! / Band 3
Vielseitige Übungseinheiten zur Stärkung der Alltagskommunikation – Bestell-Nr. 13 118
KOHL VERLAG

Lösungen

Seite 22: Aufgabe:
Aktiv: 1. fragt; 2. ruft; 3. hilft; 4. rechneten; 5. werden lernen
Passiv: 1. werden gefragt; 2. wirst gerufen; 3. wird geholfen; 4. wurde gerechnet; 5. wurden gelobt

Seite 23: Aufgabe:
1. Die Türen sind um 18:00 Uhr geschlossen.
2. Durch den Unfall waren zwei Personen verletzt.
3. Ihr seid eingeladen.

Seite 25: Aufgabe:
1. Hell (Adjektiv) leuchtet (Verb) der (Artikel) Mond (Nomen).
2. Mein (Pronomen) Vater (Nomen) erklärt (Verb) die (Artikel) Sterne (Nomen).

Seite 26: Aufgabe 1: individuelle Lösungen

Aufgabe 2: 1. zu; 2. an; 3. mit; 4. in; 5. über; 6. im; 7. durch; 8. auf; 9. um; 10. nach

Seite 27: Aufgabe: 1. die; 2. den; 3. die; 4. das; 5. die; 6. das; 7. die; 8. das; 9. den; 10. den

Seite 29: Aufgabe: 1. dem; 2. der; 3. den; 4. der; 5. den; 6. dem; 7. der; 8. dem; 9. der; 10. den

Seite 31: Aufgabe: 1. dort; 2. Bald; 3. gern; 4. Aufgrund; 5. Manchmal; 6. sehr; 7. morgen; 8. hinauf; 9. allein; 10. trotzdem; 11. rechts; 12. Deshalb

Seite 32: Aufgabe: 1. und; 2. aber; 3. oder; 4. wie; 5. dass; 6. um; 7. sowohl; 8. damit; 9. nachdem; 10. als

Seite 33: Aufgabe:

bestimmte Zahlwörter	unbestimmte Zahlwörter	Ordnungszahlen	Bruchzahlen
drei	einige	Erster	drei Viertel
eine Million	mehrere	Letzter	ein Siebtel
hundert	viele	vierte ...	halb
tausend	zahlreiche	vorletzte ...	viereinhalb

Seite 34: Aufgabe: 1. Hurra; 2. Nanu; 3. Au; 4. Miau; 5. Peng; 6. Hm; 7. Hey; 8. Pst; 9. Ach; 10. Igitt

Seite 36: Aufgabe:
1. Du (Pronomen) und (Konjunktion) ich (Pronomen) können (Verb) zusammen (Präposition) lernen (Verb).
2. Wir (Pronomen) hoffen (Verb) auf (Präposition) sehr (Adverb) schönes (Adjektiv) Wetter (Nomen)

Seite 37: Aufgabe 1: ich arbeitete; du arbeitetest; er / sie / es arbeitete; wir arbeiteten; ihr arbeitetet; sie arbeiteten

Aufgabe 2: ich las; du last; er / sie / es las; wir lasen; ihr last; sie lasen

Aufgabe 3: Der Lehrer erzählte eine Geschichte. Die Schüler passten dabei auf.
Einige Autos fuhren zu schnell. Es gab deshalb einen Unfall.

Aufgabe 4: Der Mann wird zu spät kommen. Die Schüler werden sich auf den Ausflug freuen.
Ich werde mich auf den Test vorbereiten. Wir werden euch zur Feier einladen.

Aufgabe 5: ich werde gefragt; du wirst gerufen; wir werden gefahren; ihr werdet geholt

Seite 38: Aufgabe 6: Eine Rede wurde gehalten. Lieder wurden gesungen.
Es wurde viel getanzt. Ihr wurdet besonders gelobt.

Aufgabe 7: lachen (Verb); Freunde (Nomen); der (Artikel); groß (Adjektiv); wir (Pronomen)

Aufgabe 8: in die Schule; in das Haus; in den Wald; in der Schule; in dem Haus; in dem Wald

Aufgabe 9: in (Präposition); gern (Adverb); und (Konjunktion); drei (Numerale); hurra (Interjektion)

Aufgabe 10: individuelle Lösungen

Seite 39: Aufgabe 1: 1. Die deutsche Sprache lerne ich. 2. Lerne ich die deutsche Sprache?

Aufgabe 2:
1. Ich lerne in der Schule die deutsche Sprache.
2. In der Schule lerne ich die deutsche Sprache.
3. Lerne ich die deutsche Sprache in der Schule?

Lösungen

Seite 40: Aufgabe:
1. Das Mädchen Wer hat Geburtstag? 2. Der kleine Bruder Wer heißt Ahmed?
3. das Wetter Was ist windig und kalt? 4. ein Unfall Was ereignete sich auf der Straße?
5. Essen und Getränke Was gab es auf dem Tisch?
6. Zwei Katzen sowie ein Hund Wer gehört der Familie?
7. die deutsche Sprache Was ist nicht einfach?
8. eine Jacke Was wurde im Klassenraum vergessen?

Seite 41: Aufgabe:
1. kaufen Was tun viele Leute? 2. warten Was tun wir?
3. haben verloren Was haben sie? 4. war schön Wie war das Wetter gestern?
5. bin geblieben Was bin ich? 6. möchte verreisen Was möchte die Familie tun?
7. raste und hupte Was tat der Autofahrer?
8. wurde gestoppt Was passierte mit dem Autofahrer?

Seite 43: Aufgabe:
1. Pizza Was essen Kinder gern? 2. einen Film Was sehen die Schüler?
3. den Schülern Wem gefällt der Film? 4. ihrem Trainer Wem hören die Spieler zu?
5. sein Fahrrad Was repariert der Junge selbst?
6. guter Gesundheit Wessen erfreut sich der alte Mann?
7. auf den Ausflug Auf was freuen sich alle?
8. seinem Sohn (= Dativ-Objekt) Wem glaubt der Vater die Aussage nicht?
die Aussage (= Akkusativ-Objekt) Was glaubt der Vater seinem Sohn nicht?

Seite 45: Aufgabe:
1. aus Syrien Woher stammt die Familie?
2. seit einem Jahr Seit wann lernt der Junge Deutsch?
3. am Wochenende Wann besuchen wir einen Onkel?
4. im Bahnhof Wo treffen sich einige Schüler?
5. aus Langeweile Weshalb gucken die Kinder Fernsehen?
6. aufgrund von Regen Weshalb fällt das Fußballspiel aus?
7. wütend Wie schlug der Mann die Tür zu?
8. hungrig wie ein Wolf Wie begann er zu essen?

Seite 46: Aufgabe:
1. In seiner Wohnung (adverbiale Bestimmung) besaß (Prädikat) ein Lehrer (Subjekt) zwei Papageien (Objekt).
2. Charlie und Emma (Subjekt) konnten knurren, sprechen … (Prädikat)
3. Eines Nachts (adverbiale Bestimmung) gelangten (Prädikat) Einbrecher (Subjekt) in die Wohnung (adverbiale Bestimmung).
4. Die beiden Tiere (Subjekt) begannen zu knurren, schreien … (Prädikat)
5. Dies (Subjekt) überraschte (Prädikat) die Einbrecher (Objekt).
6. Sie (Subjekt) flüchteten (Prädikat) ohne Beute (adverbiale Bestimmung) aus der Wohnung (adverbiale Bestimmung).
7. Erst am nächsten Morgen (adverbiale Bestimmung) bemerkte (Prädikat) der Lehrer (Subjekt) den Einbruch (Objekt).

Seite 47:
Aufgabe 1: im 1. Fall
Aufgabe 2: Wer oder was …?
Aufgabe 3: a) die Sonne; b) eine Katze; c) ein großer Baum
Aufgabe 4: Was tut (das Subjekt) …? oder Was ist (mit dem Subjekt) … passiert?
Aufgabe 5: a) beginnt; b) ist verletzt; c) haben … gemacht
Aufgabe 6: a) im 4. Fall; b) im 3. Fall; c) im 2. Fall

Seite 48:
Aufgabe 7: a) Wen oder was …? b) Wem …? c) Wessen …?
Aufgabe 8: a) seine Freundin; b) Dem Nachbarn; c) den Schülern – Bücher; d) Den Mann – des Diebstahls
Aufgabe 9: a) Wo …? Wohin …? Woher …? b) Wann …? Wie lange …? Seit wann …?
c) Weshalb …? Warum …? Wieso …? d) Wie …? Auf welche Weise …?
Aufgabe 10: a) in Syrien; b) seit einem Jahr – in Deutschland; c) wegen Krankheit – gestern;
d) noch sehr müde – dann
Aufgabe 11: Uns (Objekt) wehte (Prädikat) der Wind (Subjekt) heftig (adverbiale Bestimmung) entgegen (gehört zum Prädikat).

Seite 50:
Aufgabe 1: richtig: 2., 3., 5., 8.
Aufgabe 2:
1. Zwei Bekannte treffen sich zufällig.
4. Beim Fußball hat sich Marius am rechten Bein verletzt.
6. Ahmet muss noch im Supermarkt einkaufen.
7. Ahmet hat keine Zeit.

So lerne ich Deutsch ... immer mehr! / Band 3 – Bestell-Nr. 13 118
Vielseitige Übungseinheiten zur Stärkung der Alltagskommunikation
KOHL VERLAG Lernen mit Erfolg

Lösungen

Seite 51: Aufgabe:
1. kommen; 6. schön; 7. helfen; 8. Schmerzen; 10. vorgestern; 11. schlimm;
14. Medizin; 15. Abend; 18. Hilfe; 19. Gute

Seite 53: Aufgabe:
1. Die Kundin kauft beim Bäcker ein. 2. Die Kundin sagt: „Hallo!"
3. Zuerst wünscht die Kundin Brötchen. 4. Sie möchte Brötchen aus Vollkorn haben.
5. Die Kundin kauft 5 Stücke Kuchen.
6. Es sollen 1 Stück Apfelkuchen und 1 Stück Käsekuchen sein.
7. Die Kundin kauft ein kleines Schwarzbrot. 8. Die Kundin muss 13,10 € bezahlen.
9. Die Verkäuferin wünscht der Kundin einen schönen Tag.
10. Die Kundin wünscht auch einen schönen Tag.

Seite 55: Aufgabe: individuelle Lösungen

Seite 56: Aufgabe: individuelle Lösungen

Seite 57: Aufgabe: individuelle Lösungen

Seite 59: Aufgabe:
1. In den USA brauchte eine Familie Geld. 2. Der Ehemann fuhr zu seiner Bank.
3. Er holte Geld von der Bank. 4. Das Geld legte der Mann zuhause auf einen Tisch.
5. Der Hund der Familie fand das Geld. 6. Das Tier schnupperte am Geld.
7. Dann fraß der Hund die meisten Geldscheine.
8. Die Familie brachte den Hund zum Tierarzt.
9. Das Fressen der Geldscheine schadete nicht dem Hund.
10. Aber über 4000 Dollar waren weg.

Seite 60: Aufgabe:
1. Auf der Erde gibt es den Klimawandel. 2. Dadurch ist es immer wärmer geworden.
3. Dafür verantwortlich sind die Menschen.
4. Schuld daran sind sie durch Abgase aus Autos, Fabriken …
5. Menschen holzten ab oder verbrannten sehr viele Wälder.
6. So gelangten Treibhausgase wie z. B. Kohlendioxid in die Luft.
7. Die Treibhausgase erwärmten die Erde stark. 8. Wir Menschen brauchen die Natur.
9. Aber die Natur braucht die Menschen nicht. 10. Die Menschen müssen die Natur schützen.

Seite 61: Aufgabe:
1. Nach dem Regen sind die Straßen nass.
2. Auf der Hauptstraße stehen viele Autos im Stau. 3. Sie kommen nur langsam voran.
4. Fußgänger gehen oder laufen über die Straße.
5. Plötzlich kommt ein Polizeiwagen mit Blaulicht. 6. Andere Autos müssen Platz machen.
7. Dabei fahren zwei Autos gegeneinander. 8. An den Autos entstehen Blechschäden.
9. Doch keine Person wird verletzt. 10. Langsam löst sich der Stau auf.

Seite 62: Aufgabe 1:
1. Hallo; 2. Ich; 3. Mein; 4. Deshalb; 5. Einige; 6. Zusammen; 7. Vor; 8. Am;
9. Nach; 10. Manchmal

Aufgabe 2: individuelle Lösungen

Seite 63: Aufgabe 1: individuelle Lösungen
Aufgabe 2: individuelle Lösungen

Seite 64: Aufgabe: individuelle Lösungen, z.B.: Ein Weg verläuft durch einen Wald. Auf dem Weg wandern zwei Personen. Jeder der beiden hat einen Wanderstock. Sie tragen auf den Rücken große, schwere Rucksäcke, Schlafsäcke und Liegematten. Rechts und links des Weges stehen hohe Nadelbäume dicht nebeneinander. Der Weg verläuft an einem Berghang entlang. Links geht es steil nach oben, rechts ziemlich steil nach unten …

Seite 65: Aufgabe: individuelle Lösungen, z.B.: Auf einem Platz steht ein Junge. Er schaut auf sein Handy. Auch am Abend telefoniert der Junge draußen mit dem Handy. Dann geht der Junge weiter. Dabei guckt er ständig auf sein Handy. Er passt nicht auf und stößt mit dem Kopf gegen einen Laternenpfahl. Das tut weh. Deshalb fasst sich der Junge mit der rechten Hand an den Kopf.

Seite 66: Aufgabe 1+2: richtige Reihenfolge: 6, 9, 4, 1, 11, 8, 3, 10, 2, 5, 7

Seite 67: Aufgabe: individuelle Lösungen

Seite 68: Aufgabe 1: individuelle Lösungen, z.B.: Die Tierärztin stellte fest: Der Fund war kein junger Igel. Das Runde war der obere Teil (= Bommel) einer Wollmütze.

Aufgabe 2: individuelle Lösungen